# 中国古代言论制度研究

邱江波 著

山东人民出版社·济南
国家一级出版社 全国百佳图书出版单位

**图书在版编目（CIP）数据**

中国古代言论制度研究/邱江波著．-- 济南：山东人民出版社，2019.8

ISBN 978-7-209-12267-2

Ⅰ．①中… Ⅱ．①邱… Ⅲ．①政治制度－研究－中国－古代 ②政治思想史－研究－中国－古代 Ⅳ．①D621 ②D092.2

中国版本图书馆CIP数据核字(2019)第159374号

**中国古代言论制度研究**
Zhongguo Gudai Yanlun Zhidu Yanjiu

邱江波　著

主管单位　山东出版传媒股份有限公司
出版发行　山东人民出版社
出 版 人　胡长青
社　　址　济南市英雄山路165号
邮　　编　250002
电　　话　总编室（0531）82098914
　　　　　市场部（0531）82098027
网　　址　http：//www.sd-book.com.cn
印　　装　山东省东营市新华印刷厂
经　　销　新华书店

规　　格　16开（169mm×239mm）
印　　张　12
字　　数　200千字
版　　次　2019年8月第1版
印　　次　2019年8月第1次
ISBN 978-7-209-12267-2
定　　价　48.00元

# 序

“谏诤制度”在中国源远流长。上古时期，“谏诤”就已在先民的政治及社会生活中发挥了极为重要的作用，故学术界有所谓“原始民主”的提法。作为中国古代政治智慧的“谏诤制度”，一直是中国古代统治王朝治国安邦之术的重要组成部分。历朝历代，凡“谏诤制度”实施较好者，多表现为文化繁荣、政治清明、国家强盛。史载，博学多才的著名乐师、晋国大夫师旷论学时尝言：“史为书，瞽为诗，工诵箴谏，大夫规诲，士传言，庶人谤，商旅于市，百工献艺……”（《左传·襄公十四年》）可见，早在春秋时期，就形成了规诲劝谏、人人有责的谏诤风气。著名的“贞观之治”的形成，在很大程度上则是由当时的朝廷20多年持之以恒所养成的一个谏诤的风气打造来的。千百年来，凡读过唐史之人，无不为贞观年间那些彪炳千秋的谏诤故事所折服——正是靠着魏徵那些人光明磊落、心系天下的谏诤，才保证了贞观年间统治集团的上下齐心和国家大政方针的正确，以及吏治的清明和政府的高效运作。正像大家所普遍认为的那样，具有中国独特色彩的“谏诤制度”，为中华民族留下了宝贵的政治文化遗产。

学界对“谏诤制度”的研究并不稀见，尤其在政治学等领域，已经取得一些值得肯定的成果。但遗憾的是，这一中国古代重要的言论现象，迄今尚未引起新闻传播界的重视；至于把古代中国广泛存在的“谏诤”现象作为“言论制度”来研究的，更是没有先例。虽然一些学者从各自的学科视角出发，对中国古代的谏诤现象有所讨论，但因为对中国古代言论制度的学术定位不够准确，因而对言论制度及其思想的本身进行科学的分析与解释就无从谈起。政治学家一般把它当作一个政治制度研究，着重研究言论对于政治体制的影响，以及一定政权和执政者对言论的不同态度与做法在国家治理上产生的不同后果。但是只有政治视角是远远不够的。由于谏诤本质上反映的是一种舆论，因而，对谏诤的研究更多地应该从舆论学范畴来展开。邱江波兄正是从这一角度来展开论述的，因此，本书无疑是一部填补空白的原创之作。

该书充分展示了江波兄远大的学术抱负和深厚的治学功底。江波兄研究中国古代言论制度逾三十年，又长期从事新闻传播工作，因而他对谏诤制度的研究，既有严格的科班训练为基础，又有丰富的实践经验作支撑，这使他的学术研究占据了寻常人所不备的优势。在这部犀利的著作中，江波兄对中国古代言论制度的起源及实践，以及中国古代言论制度的发展过程、经典成果，中国古代言论制度的思想的主要观点和流派等问题都做了系统深入地论述，可谓新见迭出，读来让人心明眼亮，唇齿留香。

在当今这样一个全媒体时代，这样一个高度信息化的社会，单纯的谏诤制度已不合时宜。但从另外一个角度，传媒的无所不在，又使得我们进入一个泛谏诤时代。不仅是主流媒体，一些高速发展的自媒体本身所具有的谏诤功能也不可小觑。因此，研究和挖掘蕴藏在中国古代谏诤制度中的古老智慧就成为一个具有重大现实意义的课题。在我看来，江波兄这部书稿当中最有价值的部分是对中国古代谏诤制度及思想的当代意义的探讨，他总结了一系列可供执政者借鉴的中国古代谏诤制度的经验，如把批评当作某种约束力量的实践经验，言论掌控与舆论引导的实践经验，谏官与进言制度的实践经验，等等。他的某些论断，有一定的针对性和可操作性，这本身就是中国古代谏诤传统当代价值的一个表现。我相信，江波兄所提供的这部书稿，一定能成为中国传统文化创新性发展创造性转化的又一范例。

王学典

2019年6月30日

# 前　言

“以铜为鉴，可正衣冠；以古为鉴，可知兴替；以人为鉴，可明得失。”（《新唐书·魏徵传》）读了历史，方知历史长河中，多少智者仁人，为了建立理想的制度，前仆后继。建立理想的制度，是自五千年中华文明史开端以来，一直到中国共产党人为之抛头颅、洒热血、在所不辞的强大精神动力。

建立理想的言论制度，同样是古圣先贤为之奋斗的目标。

从古到今，任何朝代都无法回避这样一个政治现实，那就是所有的政权都必须构建言论制度，合理合法、有条不紊地妥善管控言论，让舆论氛围有利于政治统治，至少也要无害于政治统治。

古人围绕建立一套行之有效的言论制度进行了漫长和有益的探索与实践，形成了辉煌的言论制度文明成果。古人的言论制度实践及其成果，以及对建设言论制度的有益主张，成为中华传统文化的宝贵遗产，对中国近现代以至当代中国的政治制度，特别是言论制度的建立，产生了明显的影响。

在中国古代文明发展进程中，虽历经生态环境变迁、朝代和政权更迭，一种理想和成熟的政治制度构建，尤其是言论制度的构建，一直是中国历代政治家、思想家念念不忘的理想。

在当前中国特色社会主义的伟大实践中，党中央要求形成河晏海清、朗朗乾坤的社会风气。中央领导多次表示，应该以开放的态度，积极总结和吸取中华优秀传统文化，为当代中国特色社会主义的政治制度实践与探索，尤其是中国特色社会主义的言论制度构建提供更多的智慧和借鉴。

在中华古文明思想宝库中，关于政治制度构建，尤其是言论制度构建这方面的思想和遗产浩如烟海，已为我们的研究提供了宝贵资料。

在政治制度构建上，轩辕黄帝倡导的“天下大同，讲信修睦”思想，以孔孟为代表的儒家思想家提出的“以民为本”“民贵君轻”的学说，与盛唐名相魏徵提出的“载舟载舟民意难违”的思想以及后代鸿儒们倡导的政治理想，与近代革命先驱孙中山先生倡导的“天下为公”理念一脉相承，与中国共产党领导人民建立的新中国全心全意为人民谋福利的宗旨一脉相承。

正如在官僚体制构建上，中国古代政治家和思想家以尧舜禹三代远古政权公仆为榜样界定的清官标杆，一直影响着官场选人用人的标准，言论制度的构建，也是一个漫长的历史过程。中国古代政治家与思想家立足当时的政治现实，按照自身的政治理想和原则，倡导和亲自实践的言论制度，是典型的具有中国特色的言论制度，对近代乃至当代社会，都有不可忽视的借鉴意义。

30年前，在武汉大学新闻系攻读硕士阶段，笔者有幸跟随中国当代新闻理论巨擘何微教授对中国古代新闻思想发展进行研究。何微教授指导笔者在研究中国古代言论形态时，曾专门探究了中国古代言论制度。

我们发现，作为中国古代独特的言论制度的特有形式，谏诤一直贯穿于中国从原始社会、奴隶社会到封建社会漫长历史进程的朝廷政治生活中，成为中国古代被最高统治者、朝廷官员、幕僚、知识分子及普通百姓接受的言论制度模型。

谏诤这一言论制度实践形式，不仅符合古代中国政治现实需求，也符合中国古代社会各阶层的政治文化核心价值观。通过谏诤这种言论制度实践和古代思想家这种形式的言论制度思想主张，我们可以更加清晰地了解古人希望建立一套什么样的言论制度。

斗转星移，古人进行过的那些伟大的实践早已成为传说，但古人围绕言论制度的实践和思想，却因历史典籍得以保存。研究表明，中国古代言论制度成果和相关思想主张，不仅具有中国古代制度思想研究价值，还对当代构建具有中国特色的言论制度具有不可忽略的参考价值。

# 目　录

# 第一章

# 中国古代言论制度研究的概念体系

**内容提要**

当今学术界出现的纷争，许多是因为概念体系混乱造成的。

研究中国古代言论制度，清晰、规范的概念体系显得尤为重要。我们不能以讹传讹，用社交生活中的模糊说法替代规范的学术研究概念。因此，非常有必要对史料中和我们日常生活中使用过的相关概念逐一进行辨析。

中国古代言论制度研究所涉及的言论的概念体系，与当代、古代社交生活的言论概念之间到底是什么关系？与当代舆论学中的概念到底存在什么关联与区别？我们在研究中都应该进行严格的界定，这样就能对似是而非的诸多模糊概念进行规范，以免研究进入误区和死胡同。

弄清楚了中国古代言论制度研究中与“言论”相关的概念体系，我们还要了解与“制度”相关的概念体系，辨析中国古代“言论制度实践”与“言论制度思想”不同层级的概念内涵。因为这些相关概念，常常与我们所处的现实生活中的通俗说法交织，容易产生误解和歧义。

在学术研究中，我们发现，如果我们不立足于严谨的学术逻辑，却盲目套用一些历史典籍或当代现实生活中的社交用语，很可能将学术研究引向混乱。

尤其在运用现有社会语言体系做学术研究时，我们更需要事先对研究领域的概念做基础的辨析，以便使用更加精准的概念进行思考，构筑坚实的逻辑框架。

譬如在中国古代言论制度研究领域，也有许多概念分别来自史学、政治学、文学著作，有些甚至来自诸子百家的个人论述，很有必要对它们进行辨析。

## 一、基本概念辨析

言论是什么？古人怎样使用言论这一概念？

言论，在古代兼作名词与动词使用；而在现代汉语中，基本上只作为名词使用，指言谈、谈论，或指发表的意见或议论。

历史上，很多名家曾经对这个词进行过注释。

西晋的左思在《咏史》之四中说过："言论准宣尼，辞赋拟相如。"唐代文学大家柳宗元也曾在《柳河东集》中讲过："常好言论"。直到清朝，刘开在《问说》中也曾提道：

"以快言论。"

以上不同的学问家所提及的"言论"很显然属于不同学科体系和语境的概念，而在本题所涉研究领域，我们需要对言论及其相毗邻的关联词语进行基本辨析。

言论与谈论、议论的异同：

从词义辨析的角度看，古人常用的"言论"是以口头或书面形式，对某议题发表意见的行为总称。

言论和一般的说话、议论有所不同。言，稍微正式的发言或表达方式；论，特指有一定主题，尤其是和时局、政策或与公共权力相关联的严肃议题，有一定思想和逻辑结构的相对正式的论述。

言论和一般谈论是有区别的，言论有以下特点：

（1）相对正式的语言方式；

（2）较为集中的话题，或者较为严肃的话题；

（3）较为完整的论述过程和严谨的逻辑结构。

言论与舆论：

当代新闻传播学教科书对舆论的定义："公众对某一，或某一系列事物发表的意见和态度的总和。"

（1）舆论是社会中相当数量和比例的人对于某一特定话题所表达的个人观点、态度和信念的集合体。

（2）社会多数个体或一定比例的人群，针对某一大致集中的事件发表意见，并明显影响人们的思想和行动。

言论与舆论在概念上的相似点：

言论与舆论的概念其实同属于舆论学范畴。两者在概念的内涵与外延以及概念运用的语境上都有交叉的地方。言论与舆论都是指行为人或人群对某一事态发表的意见。很多时候，甚至在中国古代典籍中，这两个概念常常被混同使用。

言论与舆论在概念上的区别：

但严格辨析后，言论和舆论有明显的不同：

言论偏重于主体行为一侧，属于各种单个主体或少数特定主体实施谈论、议论、发表特定观点和意见等行为及其结果。而舆论，则更偏重于由众多行为主体的各类言论行为所产生的公众意见以及占主导地位的言论观点倾向性的结果。舆论更多用来表示经不同个体或群体的交流之后，汇集而成的更大范围的大致一致的看法总汇。

舆论概念的外延大于言论。言论多指个体或小范围群体之间的言论行为和结果。而舆论则是包含个体和小范围群体言论行为在内的更大范围的各种言论行为及其产生的大致相近意见的总和。

从舆论形成的模型上看，舆论必须具备以下要素：言论主体（一定数量的个体或一定比例的群体）、言论行为的内容或对象、言论行为本身，累积到一定的流量的交流或交互影响、大致相近的观点与倾向性意见，最后才形成舆论。在舆论产生过程中，言论扮演重要的主体行为和基础要素的角色。

在近代和现代政治生活语境中，言论尤指与政治和一般公共事务相关的议论。在涉及政治及法律权利相关的含义时，多用言论而不是舆论，譬如言论自由、言论制度、言论控制等。舆论适用的语境则广泛得多，舆论包含的观点与意见，包罗万象，并不特指某一类意见或特指与政治和法律权益相关联的内容。

对中国古代言论制度实践实例进行考察与分析发现，言论作为民众的政治相关行为，可依法管控、警示和提醒，言论行为也可倡导自律，但舆论作为大众言论行为的既成结果，则已具有客观上的不可控性，任何试图对舆论进行强行管控的提法，事实上都缺乏理论依据和实证范例。

在现代新闻传播学术研究体系中，言论相关研究通常被纳入舆论学的范畴。但在现代意义上的大众传媒（新闻信息和言论观点载体）形态发育较晚、舆论的形态显得并不完整和成熟的古代史上，言论基本上没有被专门当作舆论相关课题研究。

中国古代政治生活中，由于伦理纲常束缚较重，加之多数时期封建专制政权选择对言论采取异乎寻常的高压态势（譬如焚书坑儒、压制清议、设文字狱等），古代舆论在发育过程中，从言论向交互融汇、形成大众舆论的关键节点上，出现明显的阻滞，导致舆论发育不良。

因此，中国古代的言论现象，更多体现为合法程序下的政治或政策建言，或者对政治或政策的研讨发言，而非现代意义上的公众舆论。

在新闻学相关概念体系中，“言论”这一词语，还具有另一个学术含义：作为一种新闻稿件的体裁，“言论”常常被作为新闻实务中一种承载观点和批评的写作文体和稿件类别。

## 二、关于言论制度

要回答什么是言论制度，首先必须了解“制度”的概念。

制度，是用来约束和规范个体或群体行为的办事规程及行动准则。

一些著作在解释制度的重要性时这样介绍制度的特性：（1）指导性和约束性；（2）鞭策性和激励性；（3）规范性和程序性。

言论制度，是在一定的政治体制下，由执政者制定的，用来规范和约束人们言论行为的规程与准则。

通常情况下，言论制度以一定的规矩、规定、法令或法律形式呈现，主要用来规范和约束个体和群体表达、传递、发表和传播观点的言论行为。

言论制度作为特定时期、特定政体内政治制度的组成部分之一，它的建立和施行，具有明显的政治功利性。

无论在古代，还是在当代，言论制度客观上都服务于特定的政治利益和政治利益方。从制度形成的历史规律看，从来没有任何一种言论制度超越特定政治利益原则，变成纯粹意义上的自由契约。所以，从这个意义上说，没有制度约束的言论自由，自人类文明出现以来，从来就没能真正实现过，至今也仍是理想主义者的美丽梦想。

相对于言论绝对自由论者及言论严控论者这两种极端主张，中国古人关于言论制度的主张，显得更加务实、开明。

中国古代言论制度思想包含的关于构建理想、宽松、舒畅言论渠道与秩序的良好愿望，群体协调、社会和谐、政治安定的美好社会愿景，为在特定历史时期社会个体和群体的言论行为约束和管控提供了最佳依据和理由。

即便是放在当代社会环境下，中国古代言论制度实践及其思想中的精华，依然闪耀着智慧的光芒。

中国古代杰出的言论制度实践者和思想家，要么生于乱世苛政中，饱受壅塞昏暗朝政之害，从内心萌发了构建合理、宽松言论制度的思想冲动，迸发出创造理想精神世界的心声；要么历经盛世，深谙治国理政之道，在君王身边屡屡成功规劝偏差，辅助施政，用载舟覆舟的民意疏导方法成功激励开明君主，取得令人敬仰的政治成就。

生于乱世或盛世，承受不同的历史际遇，中国古代言论制度实践者和思想家们提出了不同的言论制度的主张和理想，这些内容，本书都纳入中国古代言论制度思想的范畴。

## 三、古代言论制度研究的意义

研究中国古代言论制度的实践和经验，可以更清楚地探索中国古代言论制度成果的本源。这对全面认识中国古代言论制度及思想，具有重要意义。

但古人究竟是如何从制度实践中总结出制度构想，并提出理想的制度模型，设定制度评判价值体系，规定制度运行机制和保障机制的呢？

在中华文明的历史长河中，致力于制度建设的政治家和思想家浩若星汉。但如今人们看到，秦砖汉瓦已碎，华夏大地只有江河万古不息。制度文明的印记，只能通过考古发现以及从汗牛充栋的典籍中发现和整理。

中国古代言论制度思想，同样散落在历代经史子集俯拾即是的典籍中，需要我们高度重视，加以抢救和整理。

一段时间以来，中国学术界泛起历史和本土文化虚无主义思潮，这种思潮对中国古代制度文明成果采取虚无主义态度。这种思潮无助于全面、正确认识历史上的中华文明全盛时期内在的价值与原因，无助于在当代构建有序、和谐的社会舆论环境，无助于构建中国特色社会主义理论体系。

在20世纪90年代初，笔者在跟随导师何微教授研究中国古代舆论思想时，便开始着眼于古代言论制度研究。何微教授在指导弟子们梳理中国新闻思想发展脉络时，对中国古代朝廷的谏诤现象进行了深入探讨。

作为何微教授的研究生之一，我撰写了学位论文《论中国古代谏诤思想》和另外几篇学术论文：《从舆论学角度看中国古代谏诤现象》《论舆论与中国古代谏诤》等，于1991年分别发表于《社会科学家》(1991年第3期)、《社会科学战线》(1991年第4期)等核心学术期刊。

笔者在研究中发现，在中国古代君主专制主义特殊政治环境中，谏诤是特定社会历史条件下，中国古代统治者和参政的知识分子运用独特方式，对古代(原始社会末期、奴隶社会、封建社会等)政治生活起特别作用的特殊言论形式和长期以来被古代统治者认同的言论制度。

以谏诤为主要表现形式的中国古代言论制度实践及其思想成果，以及与此相关的中国古圣先贤的政治主张，如“盛世危言”“兼听民情”“疏导民意”等，对中国古代数千年的政治文化乃至当代政治生活，都有深刻影响。我们应该全面、细致、科学地对它进行研究。

## 四、中国古代言论制度实践与言论制度思想的学科定位

遗憾的是，当今学术界对这一课题的研究还很不充分。

首先，言论制度实践和言论制度思想方面的研究力量太薄弱，且力量分布很不均衡。除少数几位学者曾经涉猎之外，中国学术界目前尚未发现有学者和机构系统地科学地进行研究。当今中国新闻和传播学领域有限的研究力量，大量拥挤在新媒体媒介技术和传播模式的狭窄领域。

笔者尝试通过文献检索系统查阅相关资料，发现关于言论制度相关的出版物和期刊相当少。

相似文献

| | | |
|---|---|---|
| 浅析唐代谏官制度及其对现代行政监督机制的启示<br>刘锦瑜 - 《法制与社会》 | 被引量: 0 | 2017 |
| 浅谈唐代谏官制度对今天的启示<br>孙玉娜，次仁嘎吉 - 《魅力中国》 | 被引量: 0 | 2011 |
| 论唐代谏官监察作用及对现代企业秘书的启示<br>钟小安，谢忠前，朱琪 - 《赣南师范大学学报》 | 被引量: 2 | 2002 |
| 唐代谏官监察制度对现代企业秘书的启示<br>钟小安，朱琪 - 《秘书之友》 | 被引量: 0 | 2003 |
| 唐代谏官制度对现代行政监督实效提升的启示<br>许云云 - 湘潭大学 | 被引量: 4 | 2013 |
| 浅谈宋代谏官制度及其对我国行政监督机制的启示<br>李响 - 《经贸实践》 | 被引量: 0 | 2018 |
| 唐代监察制度及其现代启示<br>田霞，任倩 - 《中国青年政治学院学报》 | 被引量: 2 | 2010 |
| 浅谈借鉴谏官制度加强人大对环保工作的监督<br>陈鼎华 - 《学理论》 | 被引量: 0 | 2013 |

“言论制度”关键词百度文库搜索截图，此图截图于2018年11月17日，搜索结果显示，在当今网络媒体文库中，关于言论制度的论述非常少见，网络文库中的“言论”相关学术著述，以“言论自由”“言论罪”等西方政治学概念居多。

当笔者通过百度搜索引擎输入言论制度、言论等关键词，搜索结果列表中显示的词条列表，绝大多数是“言论自由”“言论罪”之类的词条，“言论自由”这样的时髦的西方政治、法律概念充斥网络，占据了人们对言论制度认知的最大部分。

其次，少数相邻学科的学者从各自的学科视角出发，对中国古代言论管控、言论制度的现象有一定的探讨，但因为对中国古代言论制度的学术定位不够准确，因而对言论制度思想本身，无法进行科学解释和分析。

政治学家把它当作政治制度研究，着重研究言论对于政治体制的影响，一定政权和执政者对言论的不同态度与做法，在国家治理上产生的不同后果。可以说，其研究的立足点、出发点和归宿点，都是政治。刘泽华已把谏诤思想归属为中国传统政治思想，说它是中国君主专制制度的一种补充。[1]余胜椿等把它归属于治国思想范畴[2]……当然，也有学者把中国古代言论制度及言论制度思想当作古代监察体制来研究[3]。

对这一历史现象审视角度的细微差别，将导致学术界对中国古代言论制度的理论坐标定位的巨大分野，引向不同的学术研究方向，进而影响当今新闻学术界对中国言论制度的传统的态度。当今新闻学术界之所以至今尚未建立起符合本民族历史传统的言论制度学术研究体系，或者称作中国特色的新闻学科体系，与学术界长期习惯于简单移植西方学术体系及学术分析方法，忽略根植于本民族历史文化基因与历史环境的思想成果，有着某种内在的联系。

研究言论制度和言论制度思想，更应该从言论的本质属性和制度规律上入手，即从舆论学范畴研究。

从舆论学角度研究中国古代言论制度及其思想，对当代学者认识和研究言论制度具有非常重要的借鉴意义。

譬如，中国历代文献中有许多典籍曾对“谏诤”这一中国古代言论现象及其制度进行过概念辨析。

汉朝刘向曾界定：“有能尽言于君，用则留之，不用则去之，谓之谏；用则生，不用则死，谓之诤。”[4]《辞源》释义道：“直言规劝，多用于下对上。”[5]由此可见，古人对于当时历史条件下的言论现象及其制度的范畴研究，在使用概念的语义表述上非常讲究，而且语义精微。在当代借鉴这样的研究精神与方法很有必要，有助于学者保持对这一现象本身特性的把握，也不会被关联学科体系带偏。

长期以来，学术界并没有意识到中国古代的言论制度这一现象具有足够的学科研究价值，这与学术界本身的浮躁风气和新闻学科理论体系的建设现状有直接的关系。而与此相对照的是，新闻学科之外其他社会学科发展却获得了长足进步。譬如社会学、政治学、法律学、经济学等，这些相邻学科开始在学术边界上扩张。新闻学科与上述社会学科的边界，本身就很模糊。在相邻学科的大举进攻下，本来属于新闻传播或舆论学范畴的一些领域，却被其他学科抢占了热度与先机，抢先结出成果，引导学术界整体把一些本来应该归属于新闻学科的选题定位于其他学科。

总之，以朝廷进言为主要表现形式的中国古代言论制度及其思想，应该有一个正确的理论坐标和理论范畴归属了。

**参考文献：**

[1] 刘泽华：《中国传统政治思想反思》，生活·读书·新知三联书店1987年版。

[2] 余胜椿：《治国之道——中国历代治国思想精华》，求实出版社1988年版。

[3] 关庆华：《唐代谏官制度：组织架构、历史价值与

现代启示》,《大庆师范学院学报》2015年第7期。
[4](汉)刘向撰,程翔译注:《说苑译注》卷二《臣术》,北京大学出版社2009年版。
[5]《辞源》,商务印书馆1983年版,第2908页,谏诤条。

# 第二章

# 政治制度的起源与言论制度

## 内容提要

“论古不求秦以下，游心时到物之初。”[①]从社会历史的最初状态考察制度的产生与发展，可以更清楚地了解本质特征。

言论制度，作为特殊形态的政治制度，在其产生伊始，就有显著的政治制度特征，也充分展现了它作为政治制度的本质属性。考察古代言论制度，从研究政治制度入手，才能清晰透视言论制度的本质属性和内在规律。

中国古代言论制度，依存于特定的社会政治制度土壤

① 江苏无锡泰伯墓神道东侧碑亭前柱上的柱联。

和政治制度环境，必然带有特定时期政治制度的基本特征。它立足于中国古代政治制度的土壤与环境，带有浓郁的中国君主制政治色彩，还在君主制政治中扮演着制度调节器和修正仪的重要角色。

笔者收藏的著名书法家伍纯道先生书法木刻作品《论》在题款中写道："论古不求秦以下，游心时到物之初"。

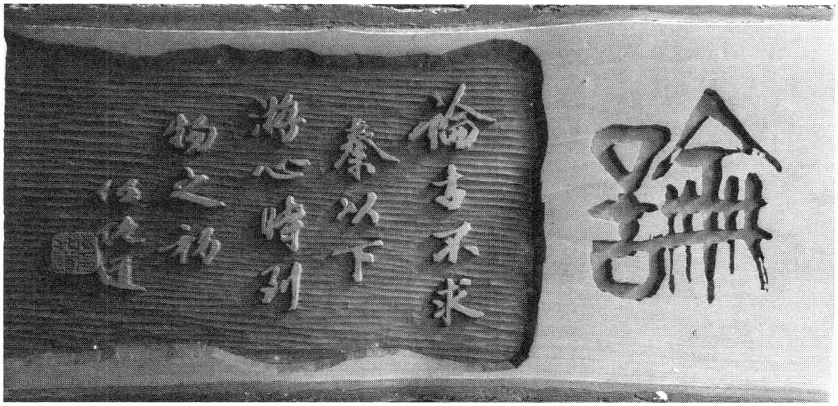


本书作者早年收藏的伍纯道先生书法木刻作品《论》。

笔者理解，先生意在说明：古，即社会历史的最初状态，是没有多少制度约束的自然状态。而自秦以降，社会和国家政治已逐渐进入制度化轨道。历史学家倾向于认为，中国古代国家形态和政治制度的起源，可上溯到秦朝建立封建国家之前的历史，史称先秦的时期。[1]

为什么要从中国古代政治制度开始研究、探讨中国古代言论制度？因为从研究古代政治制度入手，才能更清晰地透视古代言论制度起源、发展、特征及其对于古代政治制度的功能与作用。

"政治制度的历史，在某种意义上说就是国家的发展史。国家的产生，是文明史的开端。”[2]著名学者杨伯峻在为左言东编著的《中国政治制度史》第三版出版作序时这样写道。政治制度是国家的主要存在形式之一，政治制度产生于一定水平的政治生活和政治治理的需求。本书所论及的言论制度，就产生于国家形成之后的朝廷政治生活中，服务于明确的统治或国家治理的功利性目标，言论制度，本质上属于政治制度范畴。

中国古代言论制度，不仅依存于特定历史条件下的政治制度，也服务于特定的政治制度，并为政治制度提供加固、完善的积极的作用。

## 一、古代政治制度的起源

中国古代的政治制度是从何时，又是在何种情况下产生的?

研究表明，在国家的雏形出现之前，即最初的政治制度形成之前，人类的政治活动其实早已开始[3]。

而在尚未成型的制度制约下，政治生活是什么样的?

有人描述了当时的状况：为获取生存的权利，最初人类需要尽量多地支配资源；为了支配资源和分配资源，需要运用公共权力，这个权力的产生和授予即为政治生活。而当权力分配出现矛盾时，则有了冲突，最终导致争夺和政治斗争。

弗朗西斯·福山指出，人类天生是政治的，社交性是人的自然本性，合作或者彼此为敌是一种天性，是生存的必要。[4]

云南临沧市沧源县司岗里景区壁画，描述的是原始社会的劳动图景。

“司岗里”是佤族人民创作的许多关于解释宇宙万物和人类起源的神话传说中最流行的一个。源于悠远、神秘的“司岗里”传说，是佤族的创世诗史，其含义为葫芦、山洞或孕育器的意思，所以沧源古时又称为“葫芦王地”，是佤族的创世史诗“司岗里”传说诞生的地方。

人类本质上是属于社会的动物。人类最初的政治生活，源于对社会公共事务的处理的需要。史料记载，人类社会早期的政治生活，是协商制的，不是单纯靠威权进行压服，更为原始的政治生活是适应氏族社会的协商制而产生的。以氏族元老共推为特征的权力行使模式、授权模式与机制，都是人类社会最早的政治制度内容。这种制度要解决的，往往是如何建立公共资源的支配权指定和行使的规矩。

## 二、古代政治制度的基本特征与文化传统

学者对中国古代政治制度的特征，多有论述。

由白钢主编的《中国政治制度史》[5]论述了中国古代政治制度的基本特征。

其一，该著作认为中国古代政治制度的第一个显著特征是君主专制主义。中国古代君主专制主义的政治制度表现为两个基本方面：一是帝位终身制与皇统世袭制；二是皇权没有约束，皇权不受监督。该著作的另外一个观点也非常有见地：中国古代朝廷上即便实行了三省六部制的政府机构和官员配置，但那些不仅不是监督制约皇权的，相反是为了官员相互之间的制约，以便皇权更处于绝对的居

高临下的优势。

其二，该著作把中央集权制列为中国古代政治制度的第二个显著特征。著作援引法国启蒙思想家孟德斯鸠在《论法的精神》中的著名论断称，专制主义常常表现为“既无法律，又无规章，由单独一个人按照一己的意志与反复无常的心情领导一切”[6]。著作者把中央集权制的最根本特点归结为：地方政府在政治上、经济上、军事上和文化上，没有独立性可言，必须严格地服从中央政府的政令。

其三，白钢把官僚政治归纳为中国传统政治制度的第三个显著特征。与西方所不同的是，官僚政治是封建专制主义的派生物。官为君设，选官制度处处体现出封闭性，官僚制度与腐败伴生。中国古代官僚制度处处体现出封建政治制度中的官僚，其整个体系都是对上负责的，都是君王的附属品，而不是独立治权的派生物。

这部上下册的《中国政治制度史》也在文中指出了中国古代君主专制主义政治制度的积极作用：作为国家完整的象征，促进了统一的多民族国家的形成、巩固与发展，也为社会经济发展提供了有利的政治环境。

同样是针对中国古代政治制度的基本特征，华中师范大学历史文化学院教授姚伟均则把中国古代政治制度的特征归纳为如下几个方面：其一，皇权至上；其二，政治制度呈官僚化；其三，重人治，轻法治；其四，政治制度日益完善。[7]

尽管学者们对这一现象研究的视角各不相同，但得出的结论却相当接近：中国古代政治制度，因皇权至上无所制约而呈现出君主专制的鲜明特点，又因这一特点发育出与制度化目标相冲突的反制度特征。中国古代的政治制度就是这样一个既有积极进步意义，又有明显消极性和反制度化的特征的矛盾集合体。在长达数千年的政治制度实践中，逐步形成了中国古代政治制度传统，不断影响着后世的政治制度构建与重组。

## 三、中国古代言论制度在政治制度中的地位与价值

从人类政治生活开始起，言论制度实践活动就已开始，本文之所以称之为言论制度实践活动，而不是简单称之为言论活动，是因为，言论制度实践的定位是指在一定政治制度框架下的言论制度勾画制度建设的政治行为，而单纯的言论行为，只是一般社会行为。

言论制度作为政治制度的一部分，依存于一定的政治

制度，同时丰富和修正了政治制度的功能与作用，在政治制度的演进中，言论制度起到明显的促进作用。

中国古代政治生活中，言论制度实践，明显带有以下特征：

其一，政治功利性。功利目的就是为了更好地维护和巩固皇权和统治。

其二，政治伦理性。无论出发点是多么好，言论制度的构建和在此制度框架下的言论制度实践的实施，都必须服从皇权的威严和不可挑衅的尊崇与权威性。言论制度实践从内容到形式都必须服从这个最高原则，而不是言论自由论者描述的那么无拘无束。

其三，言论制度实践结果的先导性。作为一项政治制度，中国古代言论制度的结果先导性很强。即言论制度实践的前提是要保证无论发生什么情况，言论制度实践行为和言论制度的构建，必须保证是正面效果。

一种观点认为，中国古代的言论制度和在此制度下的朝廷进言行为，其实是这个特殊政治体制对封建皇权合理性的一种背书。

有鉴于此，中国古代言论制度，因为依存和立足于本文前述章节所归纳的那种政治制度土壤和政治制度环境，就必然带有浓郁的中国古代政治制度的基本特征，呈现出君主专制政体的最基本特征：君主专制主义、中央集权和人治特征的官僚体系。

作为中国古代政治制度体系中独特的一项制度，言论制度却扮演着中国古代政治制度体系中啄木鸟和积极修缮者的角色。它与中国古代政治制度体系的关系，就不仅仅只是组成部分的意义了。

## 四、中国古代言论制度和中国古代政治制度的关系

第一，作为政治制度的一种形态，中国古代言论制度从一开始就成为君主专制主义政治制度的最好调节器和修正仪。

很多学者从监察体制的角度看待中国古代的言论制度这一现象。学者马晴在《唐朝监察制度研究》中认为，唐朝是我国古代监察制度发展的成熟完备阶段，唐朝的监察制度包括御史台纠察制度和谏官言谏制度，前者是用来解决统治阶级的内部矛盾，后者是作为君主专制的调节器而存在的。[8]要不是有这样一个上古流传下来的理想制度伴侣对中国古代的专制主义政治制度进行必要的修正与调

节，中国古代的政治制度不可能逐渐变得超级稳定，并能存续数千年。正是这种监察制度，为专制主义注入了合理性和民意支撑。这是中国古代言论制度对于政治制度的积极作用。

第二，中国古代政治制度在制度化发展与进化中，始终没能进化成现代政治制度，言论制度没能脱离为朝廷和君主专制服务的角色属性，演化成为为大众和人民服务的现代舆论和传媒事业及相应的言论管控制度。

2011年，倪琳在论文《近代中国舆论思想演迁》中认为，明清时期的清议已经从秦汉时期的乡评与德行监督演变成为统治阶层的政见之争，当局限于统治阶层的政见之争遭遇大众传播与现代文明时，清议概念不能适应现代社会所需要的理论建构而被舆论所取代。[9]长期超级稳定的惯性，既体现了中国古代政治制度的社会、经济、文化根基非常深厚，也体现了中国古代政治制度对社会政治生活、民意、言论的强大抗拒力。这种制度的封闭性，是政治、经济、文化等国情因素共同作用的结果。

第三，尽管作为“土壤”的中国古代政治制度常常对作为“树苗”的中国古代言论制度加以限制和制约，但依然不可否认存在长期文化滋养浸润作用和制度调节器与修正仪的功能。中国古代言论制度实践对中国古代政治制度客观上存在着微调作用，使得中国古代政治制度更加完备，并更容易被当时的社会大众所接受。换言之，中国古代言论制度与政治制度相互之间的关系，是非常密切并且非常微妙的。

说其密切，在于相互无法脱离对方而长期独立存在；说其微妙，在于他们的关系说不清道不明，不是一种规律化的和严格制度化的关联，而是与当朝君主的个人喜好和执政水平紧密相关，无章可循。

**参考文献：**


[1] 姚伟钧：《中国古代政治制度的起源、嬗变与特征》,《高等函授学报》(哲学社会科学版)2000年第2期。

[2] 左言东：《中国政治制度史》，浙江大学出版社2009年版，序第1页。

[3] (美)弗朗西斯·福山：《政治秩序的起源》，毛俊杰译，广西师范大学出版社2012年版，第63页。

[4] (美)弗朗西斯·福山：《政治秩序的起源》，毛俊杰译，广西师范大学出版社2012年版，第29页。

[5] 白钢主编:《中国政治制度史》，天津人民出版社2002年版，第32—42页。

[6]（法）孟德斯鸠:《论法的精神》（上册），张雁深译，商务印书馆1961年版，第8页。

[7] 姚伟钧:《中国古代政治制度的起源、嬗变与特征》,《高等函授学报》（哲学社会科学版）2000年第2期。

[8] 马晴:《唐朝监察制度研究》，硕士学位论文，山东大学，2011年。

[9] 倪琳:《近代中国舆论思想演迁》，博士学位论文，上海大学，2010年。

## 第三章

# 远古言论制度实践与言论制度的初创

**内容提要**

古代言论制度实践和言论制度成果之间的关系，是非常典型的实践与认识的辩证关系。

纵观五千年的中华文明史，正因古人锲而不舍的摸索与总结，才成就了中国古代言论制度和言论制度思想的辉煌成就。

认识来源于实践，但反过来又成为下一阶段实践的指导。前人总结出来的言论制度认识和思想，又成为后代言论制度实践的出发点和基准线，为后一代人的实践提供更高的起点和基础。

远古言论制度实践者和思想家们，对原始大同世界的言论氛围及秩序的追求，对那种价值观的眷恋，对传说中远古圣贤时代政治生活以及言论制度的憧憬，一直贯穿于中国古代言论制度实践过程中，深深烙进后世仁人志士们追求圣贤时代理想的言论制度过程中。

制度来源于制度实践，正如认识来源于实践。

要系统研究中国古代言论制度，了解言论制度是怎样一步一步建立起来的，更好地理解古人构建理想的言论制度的相关主张，应该从远古的言论制度实践入手。

## 一、远古言论制度实践与言论制度的起源

最早的言论制度实践是从什么时候开始的?

本书所涉及的言论，不是一般社会意义上的言论行为，是特指人类社会个体或群体对政治及公共事务发表意见的政治性言论行为。所谓“政治性言论行为”，应该产生于人类社会的某个阶段，某个群体或某个部落就事关多数人的政治事务（权力推举、权力分配、权力移交等）、公共事务（劳动任务分配、社会责任委托、劳动成果分配等）进行讨论或发表意见与评价的时候。

人类又是在什么时候开始建立言论制度的呢?

有文字可考证的中国历史，可追溯到商朝。而通过后世记载的历史传说，我们可了解到更为久远的历史，当代人关于远古时代的了解，也主要借助于一些古人记载的历史传说。

北京地铁大兴线新宫地铁站浮雕作品《远古的回声》中，作者郭宝寨则主要展现北京古猿人生活、劳作的生动场景。作品用独到的浮雕造型讲述了语言人类的原始祖先，在麋鹿等动物的陪伴下，在广袤的土地上繁衍生息，孕育着东方的文明的故事。

出现言论制度，人类社会至少应该具备以下三个条件：

其一，社会生活中已经大致确立了政治权威和一定的政治伦理。这些权威和伦理，已可主导社会的政治生活与公共事务。

其二，政治权威需要就特定的政治事务或公共事务向一定比例的个体或群体征集意见，进行商讨，以求达成共识。

其三，当个体或群体在就政治事务和公共事务发表的意见出现不一致和矛盾时，客观上就需要建立一套制度，对言论行为进行规范。

中国古代言论制度的初步建立可追溯到原始社会末期，即氏族部落联盟的元老政治时代，史上的“尧舜禹时期”。

文献可以佐证上述推断。

《管子·桓公问》记载：“黄帝立明台之议者，上观于贤也。尧有衢室之问者，下听于人也。舜有告善之旌，而主不蔽也；禹立谏鼓于朝，而备讯矣。汤有总街之庭，以观人诽也；武王有灵台之复，而贤者进也。”[1]其中，“明台之仪”“告善之旌”“谏鼓”“总街之庭”“灵台之复”等都是上古政治生活中为加强政治决策正确性而设置的言论制度具体措施的物证。它们共同印证了一个状况：至少从那时起，人类社会政治生活中已经出现了言论制度实践。

中国传统风格建筑院门前的门枕石，亦称为门当，其造型的创意来源于远古圣贤时代政治生活中谏鼓的造型。

《淮南子·主术训》说：“尧置敢谏之鼓，舜立诽谤之木。”[2]《艺文类聚》卷一九，晋孙楚《反金人铭》中说："尧悬谏鼓，舜立谤木。"[3]以上三说有关"谏鼓"的设立有一个共同的特征："立"和"设"。按照当今的语境，就是建立和设定的行为，这样的行为，其实意味着言论制度实践的开始。

我们可以认为：在尧、舜、禹的任何一个具体年代，那时的政治生活中已有了言论制度实践活动。

起源时期的言论制度，以当时的社会实践为基础，基本适应当时的言论行为规范与调控的需要。

远古时期人们关于言论制度的实践，不断丰富和提升着起源状态的言论制度，为其提供管理经验与思想，也为后世更完备的言论制度建立和进化涂上了一层底色，对后世言论制度思想关于制度价值标准和制度模型产生了深刻影响。

## 二、起源时期言论制度实践的基本特征

远古时期的言论活动和早期言论制度，看上去可能比较粗糙，但作为最初的言论制度，已经具备制度的一些基本特征：

特征一：权威性；

特征二：激励性；

帝尧题跋像。取自明代朱天然撰赞，弘治十一年重刻本《历代古人像赞》，现藏于台北故宫博物院。

特征三：规范性。

从历史典籍中对尧舜时期的言论制度的描述看，起源时期的言论制度雏形已具备足够的权威性。

无论尧还是舜，都是当时华夏部落联盟的共推领袖，在当时的社会大众中，享有崇高的威望和权力。他们出面颁行的纳言规定（设敢谏之鼓和诽谤之木），自然具有针对所有加入华夏联盟的部落成员行使号令权的权威性。

起源时期的政治制度，尽管可能与现代意义上的制度相差甚远，也许只停留在约定俗成的共识阶段，甚至依赖着群体中的个人自觉遵守，没有变成条文加以固化，对言论行为没有多少指导性和规范意义，对个体行为也没有约束力，不具备对不遵守这项制度进行惩戒的强制性。但权威性可以体现在多方面，包括制度的强制性和严肃性，亦是其权威性的派生和延伸。尽管我们无法通过史料考证尧舜时期制度执行情况与制度的惩罚措施，但可以推断，起源时期的制度兴许没那么严谨和完备，它更多的是一项激励措施，而不是强制执行的普遍行为准则。

尧舜所设立的这个制度（鼓励进言的制度），侧重于指正与批评首领的生活言行与决策行为的偏颇。这种进言容易与权威性原则形成冲突，因而具有一定的风险，所以，这个制度更需要具备激励性。如果不从制度上引导、措施上保障，先例上宣示这种激励性，这种制度也可能没有效力。可以想象，当历史上第一位敲响尧帝敢谏之鼓的臣民，当时是多么紧张和忐忑！更不用说那第一位拿起舜帝放在议事大殿前“诽谤之木”的人，心理承受着什么样的压力。

关于规范性的特征，我们同样没有足够的文献可以佐证。但通过一些历史传说，我们可以相信，尧舜在设定这一机制的时候，一定有可供普通百姓操作的一套规矩，让那些敲响敢谏之鼓和拿起诽谤之木的臣民，可以一步一步沿着程序来陈述和表达自己的看法与批评意见，从而纠正君主的过失，帮助决策与重塑领袖形象。

## 三、远古言论制度实践的价值取向

制度实践的主体是人。这些倡导和从事言论制度实践的人，秉持着什么样的政治理念，抱着什么样的目的，概括起来，就是在这些实践中起核心作用的价值取向。

起源时期的言论制度实践者的价值取向，决定了起源时期的言论制度的基本方向和特色。

在原始公有制基础上的政治生活中，君主为各部落共推，决策需要得到部落多数成员认同，重大事项须经过酋长或元老们共同商议，议事规则相对平等公开。类似于现代政治生活中的集体领导体制。

原始公有制基础上的社会治理的最大特征，在于其社会治理和所有政治实践（包含言论制度实践）是以“天下共有共治”为核心价值取向的。所以，那个时期衡量一个制度是好还是坏，判断标准也是看它是否符合天下共有共治的原则。

帝舜题跋像。取自明代朱天然撰赞，弘治十一年重刻本《历代古人像赞》，现藏于台北故宫博物院。

《吕氏春秋·贵公》在论及尧舜时期说：“天下，非一人之天下也，天下人之天下也。”[4]尽管掌管部落联盟大事的是首领，但各部落的人民，尤其是各族系的元老，对联盟的政治、决策等大事还是拥有相当的共同权利的，公有制的现实基础产生共同参政议政的责任心。

“天下为公——纪念孙中山先生诞辰150周年大型馆藏文物展”之际，中国国家博物馆展出了这一幅孙中山先生的著名书法作品。

部落联盟最高首领之所以能够宽容纳谏，之所以能做到身先士卒，勇于担当，连王位也可以禅让，更敢于设立敢谏之鼓、诽谤之木等，同样因为他们抱着为天下治天下的“公心”；一些身份卑微的草民，敢于敲响敢谏之鼓，拿起触动君主尊严的诽谤之木，直接向君主提意见，对君主的策略“说三道四”，同样是因为秉持了“天下为公”这个核心价值，不如此，何以有如此浩然正气和勇气？

不过，在原始社会末期，政治权威和社会成员的等级伦理秩序毕竟已然出现。除了“参”“议”政治的权利，除了提意见影响政治的权利，“元老”和民众其实并没有什么别的政治权利。就连提意见这样的进言的权利，也被限制在一定范围内，且对首领并没有多少强制影响力，不然，为什么远古时期历代君主在言论制度之外，还特地附加一个强制性符号——谏鼓呢？

在等级伦理秩序之中，当服从政治权威成为前提，谏诤从一开始出现，就已体现出制度的约束特征，权利和义务的相互制约与冲突，都为这一特殊言论制度实践在之后数千年的历史发展过程中埋下了矛盾的种子。

起源时期的言论制度，被历代先贤尊为理想的言论制度模型，受到后世言论制度倡导者和思想家大力推崇。这是因为自以原始公有制为基础建立早期言论制度之后，很多与言论制度相关的价值观和言论制度标准在后世很难实现，与后世（君主专制）政治环境屡屡形成尖锐冲突，导致推崇理想言论制度模型的思想家们在深层意识中与当时的政治现实环境形成抵触和冲突。实质上，这还是那些形成于原始公有制环境下的“天下大同”“共有共治”的社会理想，与他们所处的君主家天下的私有制之间的尖锐冲突；以致在漫长的中国历史长河中，屡屡出现制度思想和价值导向与当时政治现实之间相冲突的悲剧。

起源探索有利于理清历代言论制度思想与古人构建理想言论制度主张的总脉络。

可以说，中国古代言论制度思想家对远古治世时言论氛围及功效的追求，对那种价值标准的眷恋，对传说中远古圣贤时代政治生活以及言论制度的憧憬，都是贯穿于中国古代言论制度远古圣贤时代理想言论制度与舆论环境的思想根源。

**参考文献：**


[1] 李山译注:《管子》，中华书局2009年版。

[2] 顾迁译注:《淮南子》，中华书局2009年版。

[3]（唐）欧阳询撰，汪绍楹校:《艺文类聚》，中华书局2000年版，第348页。

[4] 陈奇猷:《吕氏春秋新校释》，上海古籍出版社2002年版，第45页。

# 第四章

# 中国古代言论制度发展的四个历史阶段

**内容提要**

笔者把中国古代言论制度的发展过程分为四个阶段：淳朴发展期、初步繁荣期、全盛时期和衰退期。

在古代言论制度的淳朴发展期，人类社会无法立即从大同社会切换成私有制社会，言论制度理想与社会现实之间的尖锐冲突酿成极不和谐的悲剧。

在中国古代言论制度的初步繁荣期，封建王朝将一部分言论行为纳入统治者认为合法的轨道，而对未在此范围之内的言论行为与思想主张，则一如既往地严酷镇压。

在中国古代言论制度发展的全盛时期，即从隋朝到南宋这段历史时期，封建王朝政治生活和社会治理趋于成熟，内外交流频繁，文化融合加速，社会总体趋于多元协调，言论制度实践与制度本身的发展达到了历史最高水平。

从元代开始，经历明朝，一直到清朝覆亡，是中国古代言论制度发展的衰退期。这段历史过程伴随着封建王朝封闭、狭隘的政治生活和漏洞百出的社会治理，伴随着城市资本主义商业经济的萌芽与市民意识的觉醒，封建社会政治制度与上古淳朴的言论制度理想渐行渐远，导致言论制度实践完全走向极端不正常，最终造成朝廷内部君臣之间、朝野之间制度共识的破灭，言官体制与进言机制名存实亡。

纵观从原始社会末期到封建社会末期这个漫长的历史过程，包括制度文明在内的华夏古文明一直在不断凝聚与成熟。其中，言论制度也在实践中演进。

这个过程大致可分为四个阶段：淳朴发展期、初步繁荣期、全盛时期和衰退期。

## 一、中国古代言论制度的淳朴发展期

从私有制的出现到历史上第一位谏（言）官诞生，这一阶段为古代言论制度的淳朴发展期。

研究表明，这一阶段言论制度实践及制度发展的总特征是：制度理想与社会现实之间存在尖锐冲突与极度不和谐。具体表现为以下几个方面：

一方面，大批眷恋远古天下大同政治理想的“士”，无法适应君主专制下的言论管制，出现“强谏悲剧”等极端案例。

同时，这一时期部分统治者也从这些“强谏悲剧”中认识到言论制度缺失，从统治长远利益原则出发，逐渐趋向主动改变自身对建立言论制度的态度和主张。

与言论制度化客观需求形成反差的是，私有制的中国上古三代（夏、商、周），王权也处于一个摸索和试探阶段。多数时候，王权扮演了制度化推进的动力角色，但这一时期，王权及王权意识凌驾于制度之上，面对民众的言论诉求和言论制度化诉求，王权扮演了针对制度的蛮横破坏者角色。

据史料和传说记载，这一时期间或有开明君主，鼓励人民进言，匡正为政者的过失，提供建设性意见。但在这一时期的国家政治生活中，尚未发现可考证的史料，也尚未确立制度化的进言机制。朝廷上官员进言、上奏、私议以及民间的街谈巷议等言论行为，均属于自发性的行为。可是这种自发性的言论行为人并不总能遇到施行仁政的尧、舜、禹或商汤、周文王等明君。

这一时期，即便是亲近的臣子在朝廷上进言，也屡屡被君主视为叛逆或冒犯，遭到无情打击。这些臣子的遭遇，被韩非子解释为“度量虽正，未必听也；义理虽全，未必用也”（《韩非子·难言》），更不论那些出身卑微的街市草民的命运。《国语·周语·邵公谏厉王弭谤》载：“厉王虐，国人谤王。邵公告王曰：‘民不堪命矣！’王怒，得卫巫，使监谤者，以告，则杀之。国人莫敢言，道路以目。”在周厉王的高压下，路上相遇，连招呼都不敢打，只能相互使眼色！

《韩非子·难言》集中梳理了这个时期的几个诤臣悲惨遭遇的著名案例。“小者以为毁訾诽谤，大者患祸灾害死亡及其身。故子胥善谋而吴戮之，仲尼善说而匡围之，管夷吾实贤而鲁囚之。……故文王说纣而纣囚之；翼侯炙；鬼侯腊；比干剖心；梅伯醢；夷吾束缚；而曹羁奔陈；伯里子道乞；傅说转鬻；孙子膑脚于魏；吴起收泣于岸门，痛西河之为秦，卒枝解于楚；公叔痤言国器，反为悖，公孙鞅奔秦；关龙逢斩；苌宏分胣……”

后世多个封建王朝，理论上也是在私有制基础上建立的政权，对言官的压制手段远甚于前朝，对言官动辄呵斥、罢官、廷杖和杀头。而奴隶制下的夏商周三代，对于敢言的臣子，采用的居然是传说中奴隶主施用于毫无生存权和做人尊严的奴隶那样的残忍私刑和酷刑，证明当时滥权的王权对于制度和言论的破坏程度极大。这也侧面反映了在中国历史的初期，多数君主对进言者深恶痛绝，对朝廷进言行为深度怀疑与焦虑，以及对朝廷进言这一制度恐惧。

究其原因，人类从天下共治的大同世界，进入有差异、有等级的奴隶社会，言论制度环境转变为君主家天下的政治现实，政治上的高压态势使得怀有天下大同理想的臣子的进言行为，逐渐变成令君主反感的朝堂抗争，许多时候被君主定性为存心毁谤，进谏者命悬一线，很多“诤臣”难免因言获罪甚至因言致死。

以私有制为基础的世袭王朝的出现，带给社会大多数成员的不适应感，伴随中国上古夏商周各代将近2000年。尽管大禹、商汤、文王、武王等皆以圣贤著称，但他们的清明，和整个上古统治者专横和昏庸的历史相比，还是相对短暂的；毕竟除了这些“圣贤明君”，大多数统治者并非“圣贤”。

由于缺乏宽松的舆论环境和有效的言论制度保障，夏商周三代（包含东周的春秋和战国时代），那种以远古圣贤政治为目标的理想言论制度模型一直无法在现实中实现。言论制度实践的步伐，远远落后于制度思想的探索。不过也正是得益于这样的积累，使中国古代的言论制度实践在后世（封建时代）得以较充分的发展，言论制度思想更进一步得到丰富。

这一时期，言论制度的实践和言论制度的发展，是以言论制度经验的不断积累和理想的言论制度模型不断清晰为主线的。

一些在这一时期出现的与言论制度实践相关的历史事件，佐证了言论制度发展和舆论运行的内在规律，成为当时主流的言论制度观念与主张。譬如邵公谏厉王弭谤、邹忌讽齐王纳谏等典故，客观反映了先秦至秦汉时期言论制度确立过程中制度文明的进步。

## 二、中国古代言论制度发展的初步繁荣期

从秦汉始设言官职位开始，一直到到隋朝前夕中国确立了相对完备的言论制度，这个历史阶段本书称之为中国古代言论制度的初步繁荣期。

这一时期的言论制度实践和制度发展的总特点是：封建王朝将王权认同范围内的言论行为和言论观点，纳入封建统治轨道的合理组成部分，而对未纳入此范围之内的言论行为与思想主张严酷镇压。这种部分管制、部分打压的制度实践，是中国历史上真正意义上的言论制度开端，也是中国古代言论制度思想再次付诸实践的结果。从这个意义上说，这是一个了不起的进步。这表明，中国远古时代的理想言论制度模型，已经在现实政治中初步实现，言论制度理想和私有制政治现实之间的冲突，已经较夏商周上

古时代显得稍有缓和。

“秦首设谏大夫，汉因秦制，改谏大夫为谏议大夫。”[1]

与秦朝法家学说盛行并焚书坑儒的情形相对照，在汉朝的多数时期，诸子百家学说开始恢复，特别是道家学说与儒家学说得到了迅速恢复。

儒学经典注疏大量出现，加上汉武帝独尊儒术，智者阶层地位与前朝相比高多了。然而秦汉首设谏大夫的史学意义，主要并不在于提高了智者阶层的地位，而在于把朝廷进言列为合法言论渠道，对朝廷进言实行统一控制，朝廷进言作为言论制度实践的特征得以凸显。

在这个时期，言论制度已初步确立并呈现三个显著特点：

（1）设立了相应职责的固定官员职位。尽管周代的“保氏掌谏王恶”[2]，但总体上，仍是“古者谏无官，自公卿大夫至于工商，无不得谏者”[3]。司马光所指的古时，就是秦朝之前的夏商周三代乃至更遥远的尧舜禹圣贤时期。那时虽人人有进谏谈论朝政的可能，但在政体上是不承认其合法性的。

（2）为言官（谏大夫或谏议大夫）制定了明确的职责。

秦始设谏大夫，掌管议论朝政及百官贤否，无固定员。“掌管议论朝政及百官贤否”就是秦朝的谏大夫所专司的职责，其中包括议论朝政和对百官的德廉操守进行评议。

《西汉会要》介绍说，汉朝“选举贤良方正”以任谏议，内侍皇帝，每逢洪水、雷电、山崩、地震、虫蝗等自然灾害出现，皇帝内心恐惧，以为执政有失，触怒天地，询问谏官。谏议大夫亦趁此机会大力劝试和渲染，达到警示君主谨慎不妄为的目的。[4]

我们据此了解到，汉朝的言官职责比起秦朝的言官有了一定的延展。除了议论朝政和对百官的德廉操守进行评议，还有见机警示君主谨言慎行的职责。

（3）言官进言的随机性与委婉方式。随机性体现在言官的言论行为实施时机安排，是在朝政需要时提意见，考核官员干部时进行评议，在自然灾害发生时采用曲谏方式对君主的过失与言行，进行劝谕。

综上所述，秦汉统治者在中国历史上首设合法的言官职位，建立谏官谏议体制，从客观效果上看，起到了预留有限发言通道，最终达到言论控制的效果——目的是“舆论一律”。这种转变，虽无法称为现代意义上的言论制度，但在言论制度实践史和言论制度思想史上看，是具有划时代意义的。

## 三、中国古代言论制度发展的全盛时期

从隋朝到南宋这段历史时期，封建王朝政治生活和社会治理趋于成熟，域内域外交流频繁，文化融合加速，社会总体趋于多元协调。在这样的大背景下，言论制度实践与制度本身的发展达到了历史最高水平，导致制度条文和制度经验大量产生并得以应用，由此产生的与言论制度有关的思想遗产也非常丰富。这些言论制度遗产，包括言论制度实践的体会和经验，也包括对实践的反思。

这一时期，是中国古代史上理想言论制度模型与当时政治社会环境最为和谐的时期：远古圣贤道德准则和大同时代的言论制度标准，被这一时期贤明君主自觉接受，身体力行。尤其是在唐代，作为封建王朝全盛时期的代表，君臣之间关于言论制度化和制度化管控的氛围非常浓厚，达成了朝野共识。

之所以认为这一时期是中国古代言论制度发展的全盛时期，主要有以下几个考量：

（1）隋、唐、宋各代设立了中国有史以来可考证的最为健全的言官体制。这一时期，言官的职位数达到历史最

高水平；言官的选拔条件达到历史上最高水平——朝廷选拔忠直、智慧、博学的人才担任言官职务；言官的参政、议政权力得到最大限度的扩大；对合法渠道言论的限制最小。在中国历史上，朝廷首次明确区分直谏与讪谤。

（2）进言成为朝廷政治生活中彪炳史册的君圣臣贤的善政符号。一部《贞观政要》，主要记载的是贞观年间，唐太宗李世民与群臣关于进言与纳谏的言行与思想，充满了君臣对清明政治的向往与追求。这种突破，促成了贞观之治特有的君臣关系和朝廷政治氛围的空前和谐景象，成为后世称颂和效仿的典范。

（3）进言机制在隋唐定型成熟。此外，进言涉及的内容和范围进一步扩大，进言的时机和方式也突破了此前的限制。

（4）以纳谏与求谏为代表的言论制度思想逐渐形成完备的理论体系，各种言论制度思想和主张空前丰富，相关思想空前活跃。

古代言论制度的完善与繁荣，一方面仰赖封建社会政治、经济的繁荣，另一方面封建社会繁荣作为功利目标激励封建王朝自觉创新、维护这一制度，以期达成封建王朝的政治统治稳定、经济社会发展。可以说，全盛时期的中国古代言论制度实践，尤其是制度化的言官制度和进言规范，成为中国古代不可多得的政治文明典范。

## 四、中国古代言论制度发展的衰退期

从元代开始，经历明朝，一直到清朝覆亡，伴随着这一时期封建王朝封闭、狭隘的政治生活和漏洞百出的社会治理，伴随着城市资本主义萌芽与市民意识的觉醒，社会政治现实与远古的淳朴言论制度理想渐行渐远，言论制度实践逐步走向与社会现实的对立，最终导致朝廷内部君臣之间、朝野之间言论制度的共识破灭，一度辉煌的古代言官体制与进言规范名存实亡。

远古言论制度理想彻底幻灭，正是晚清诗人龚自珍所描绘的“万马齐喑究可哀”局面。

一方面，封建王朝的政治生活和国家治理更专制、更黑暗，导致中国古代言论制度实践的氛围与社会基础瓦解，作为封建王朝政治生活重要组成部分的言论制度也加速衰亡；另一方面，自宋朝开始的重商环境激励了元明清时期以东南沿海商业繁荣和对外交流频繁的城市兴起，最终导致原本以朝廷官僚与农民为主要社会构成的简单结构的社会，逐渐出现了第三种社会阶层：市民。

市民意识觉醒，资本主义生产方式与价值体系开始萌动。社会对言论制度的需求，也发生了细微的变化。市民意识对促进言论传输的实现方式与走向产生了微妙但致命的改变：市民的言论流向，不再以上达朝廷、影响政策为全部目标，而赢得坊间共鸣，获得周边人群的“点赞”，也成为言论观点价值实现的重要标准，这使得中国社会由此出现了二元价值体系和舆论的原始模型。这种改变，意味着民间言论（舆论）在主流的朝廷言论生态圈之外，又另起炉灶，不再以官方钦定的那种言论制度实践为唯一依托。

一改远古大同世界、上古及中古盛世帝国大一统的社会生态，在这一阶段出现的市民阶层个体意识、个体生存欲求，在文学史上表现为言情小说和志怪志异小说繁荣，民间手抄本文学和民间小报的兴起更是加速了封建时代的言论制度的衰亡。

事实上，衰亡的苗头从晚唐、宋代早已开始出现。“诤臣杜口为冗员，谏鼓高悬作虚器”[5]就是白居易对这种苗头的感叹。

以言官进言（进谏）为主要形式的合法言论渠道，已经出现“梗塞”，谏官们也不全是抱有远古时期圣贤理想的精神状态。“古者（谏官）……常志其大，舍其细；先其急，后其缓；专利国家不为身谋。（而当今谏官）彼汲汲于名……其间相去何远哉？”[6]“前日又闻御史台榜朝堂，戒百官不得越职言事，是可言者，惟谏臣尔。若足下又遂不言，是天下无得言者也。”[7]

朝廷动用特务（锦衣卫）对官员的言行实施监督、设文字狱、兴党锢之祸、官员和草民以言获罪等，已经导致议政规则形同虚设。而谏官合法进言等渠道每况愈下，使民间小报、手抄本等形式，实际上已经开始替代官方合法渠道，担当起承载言论、汇集舆论、指评时政、清议讽喻的重任。

如果不是封建王朝统治者极端不自信，可能不会采用极端的方式对付臣子言论和智者阶层，也就不会出现极端的言论控制案例，中国全盛时期的言论制度也不至于如此快速衰亡。

“廷杖制”，是明太祖始兴的对臣子的惩罚制度，用来压制谏诤和其他言论。廷臣惧廷杖，上疏之后，常服药以备。“京官每日入朝，必与妻子诀。及暮无事，则相庆以为又活一日。”[8]谏臣当朝受罚、受辱，即使幸而不死，也颜面丧尽，从此无以言。

然而言固易罪，无言亦罪。

万历二十三年，科道官被谪34人。御史马经伦上疏，谓：“皇上年来厌恶言官，动辄罪以聒扰，今忽变而以箝口无言罪之。”[9]马经伦也因此被革职。

在现代学者所著的舆论史论文及论著中，清代几乎成了压迫言论的代名词。晚清时代，封建王朝的不自信，变本加厉，在内外政策上走向狭隘和短视，导致内外交困。言论制度实践，也走向了与圣贤政治理想截然相反的方向。直到1895年，孙中山书谏富国强兵反被罪责，从此激起了中国民主革命先驱们的义愤，开始推翻封建帝制、建立共和的伟业。先驱们通过新型舆论工作，加速了中国古代言论制度走完漫长的历程。

中国古代言论制度发展的四个历史阶段提示我们，言论制度的每一步发展，都伴随着古人言论制度理想与各时代君主皇权的矛盾与斗争。事实上，以追求政治和谐、长治久安为目标的古代言论制度实践和古代言论制度理想，与专制君主的家天下独占意识之间，一直进行着较量和斗争，这种交织着理想与现实冲突的制度实践，成为上下五千年中华文化和历史传承的主线。

**参考文献:**

[1]《辞源》,商务印书馆1983年版,“谏议大夫”条。
[2]孙诒让:《周礼正义·地官》,中华书局1987年版。
[3](宋)司马光:《谏院题名记》,《古文观止译注》,上海古籍出版社2006年版,第481页。
[4](南宋)徐天麟:《西汉会要》卷三十八《职官八》,上海古籍出版社2012年版,第446—447页。
[5]白居易:《采诗官》,《白居易集》,中华书局1979年版,第90页。
[6](宋)司马光:《谏院题名记》,《古文观止译注》,上海古籍出版社2006年版,第481页。
[7](唐)欧阳修:《与高司谏书》,《历代散文选》,山西人民出版社1979年版,第245页。
[8]朱传誉:《明代舆论研究》,《先秦唐宋明清传播事业论集》,台湾商务印书馆1988年版,第310页。
[9]朱传誉:《明代舆论研究》,《先秦唐宋明清传播事业论集》,台湾商务印书馆1988年版,第311页。

## 第五章

# 独树一帜的中国古代谏官体制

### 内容提要

中国古代官制体系，是一套颇有中国特色的政治制度。在这套官制体系中，谏官集中体现了中国古代政治制度设计者和实践者们的独到智慧。我们很敬佩古人创立谏官这一官职，并赋予其品阶，规定其使命与职责，让其深深植根于君主专制的朝廷政治生活中。

关于中国古代到底是什么时候开始设置这一官职，学术界至今没能达成统一意见。多数人倾向于认为，早在秦代以前，谏官这一职务和角色已在中国古代官僚体系里面出现。本书在这一章节将详细介绍谏官这一官职的品阶、职能、角色等，还将介绍中国古代专司言论传递的机构，以及谏官工作的官署究竟是怎样运作和起作用的。

作为中国古代政治制度的一个重要组成部分，古代朝廷中的谏官在选拔、任用、罢免、考核等方面都有严格的规定。考察这些官制，对研究中国古代言论制度具有一定的参考价值。

作为中国古代最有特色的官职之一，谏官是中国古代朝廷多种专司规劝君主，建言献策的官职的统称。

在先秦，表示谏官的各种称呼众多；到了秦汉时期，才统一定名为谏大夫（或谏议大夫）。随后的各个朝代，被赋予向君主进言的类似于谏官职能的官职，则多如牛毛。

无论这些官衔名称有多少，他们的职能都比较相近，都是向君主提供朝政决策建议和意见。

在梳理中国古代言论制度发展时，笔者发现了一条清晰的脉络：历史上先有朝堂之上王公大臣的非职业进谏行为，后来才有了专职的谏官，最后才有朝廷为谏官们专设的相应机构。

谏官制度是中国古代最有特色的言论制度之一。谏官制度的探索与实践，也是中国古代政治制度史最突出的成果之一。

## 一、中国古代谏官的官职最早出现于何时?

学界不少人倾向于认为，上古多数朝代并没有专设谏官，谏官设立始于周代，盛行于秦汉至唐宋时期。不过，关于中国古代谏官出现于何时，学术界却存在多种不同观点：

观点一，起源于舜帝时期。

相传于舜帝时，已有纳言一职。《尚书·舜典》说："纳言，喉舌之官，听下言纳于上。"这种纳言之官，是谏官的初始。纳言可直接向君主反映下情。[1]

观点二，起源于商汤时期。《吕氏春秋·自知》记载，商汤王时已有"司过之士"，君主有过错，可以由"司过之士"提出或纠正。"司过之士"已近似于谏官。[2]

观点三，起源于春秋时期。

从春秋时期齐桓公首设"大谏"官职开始，中国古代已经开始有了谏官，谏官制度的开端可以上溯到东周前期。"春秋初年齐桓公设大谏，为谏官设置之始。晋国的中大夫、赵国的左右司过、楚国的左徒，都属于谏官性质。"[3]

观点四，起源于秦汉时期。

最初出现专司进言的谏官，应该是从封建君主专制政体基本成型的秦朝首设"谏大夫"开始的。

"秦首设谏大夫，汉因秦制，改谏大夫为谏议大夫。"[4]

北宋司马光在《谏院题名记》中提道："古者谏无官，自公卿大夫至于工商，无不得谏者。汉兴以来，始置官。"[5]

持这种观点的学者认为，只有在统一和成熟的中央集权体制下，为避免集立法、司法、行政管辖等权力于一身的封建君主言行差错导致国家政体出现危机，才设立了专司进言职责，匡正君主过失，提出建言，修正决策失误的谏官职位。

而此前在国家处于分封或事实上不统一，中央对臣下及割据的诸侯无法行使有效管辖权的周朝，即便在周天子的朝廷中或在诸侯小国出现了专司进言的谋臣官职，也不能算作真正意义上的谏官。因为专制政体不成熟，官员职责不明晰，最多只能算作出现谏官官职之前的一种摸索和准备。

无论发端于什么时期，笔者倾向于认为，谏官这一官职，早在秦代以前已在中国出现。

## 二、古代谏官的名称与职数

中国古代谏官在不同时期有不同的名称。经笔者梳理史料，古代各朝及时期关于言官的情况大致如下：

在先秦时期，对谏官的称呼有：纳言、司过、大谏、中大夫、司徒等。官员职数不详，但据文献描述，在朝廷中大概有一到两位。

除了专职谏官，据史料记载，夏、商还有兼管进言的官吏：一是帝王的重要辅佐大臣，如夏朝的天官、商朝的三公，都有补察君主过失之责；二是各类史官，负责记录王之言行，对帝王有一定的规劝制约作用；三是“宣令之官”——遒人，《尚书·胤征》：“每岁孟春，遒人以木铎徇于路。官师相规，工执艺事以谏。”相传西周已设有专司谏议的谏官，即在司徒之下的“保氏”，专“掌谏王恶”。

西周还设置了采集诗歌的“行人”和询问民意的“小司寇”。

到了东周的春秋战国时代，在齐国和其他诸侯强国也出现了主管谏言的官职。譬如齐桓公所设“大谏”之职，就是在相国的下面，设置五个行政部门，即所谓“五官制度”。其中谏官属于“五官”之一，且占据相当重要的位置，是齐国中央政权的五个职掌之一。

秦朝统一中国之后，首设谏大夫官职，专司进言。

汉朝承袭秦朝的中央集权政体，在朝廷中设置光禄大夫、太中大夫、谏大夫（后改名为谏议大夫）、中散大夫、议郎等官职，都属光禄勋，掌议论，侍从君主，顾问应付。

东汉的谏官称作侍中、中常侍，成为正式官称，属少府。

除谏议大夫为专职谏官外，光禄大夫、议郎、博士等为“兼职”谏官，均有谏议之责。其他中央官员若加有侍中、散骑、中常侍等官衔，亦可在君主身边起到谏议的作用。

汉武帝（公元前156年—公元前87年）曾任命并无官职背景的孔安国为谏议大夫。谏官数量由君主任意确定，多时可达数十名。东汉时，谏官成为定官。

魏晋南北朝时期，谏官统归门下省。这一时期，中央机构进一步改善，逐渐分为三大部分：尚书省负执行之责，中书省（又称内书省）和门下省负指示之责。中书省代君主草拟敕令，门下省联络中书省和尚书省，即沟通指示机构与执行机构，它一方面将君主的旨意传达给执行机构，另一方面将执行机构呈递的奏折等文件转呈君主。进谏的使命由门下省承担。此时，封驳已渐成定规，给事中既可驳回官员向君主呈递的奏折，亦可将君主的命令退回中书省。

“隋置门下省，掌献纳谏正，及司进御之职……谏议大夫七人。”学者评价说：“此朝不重视谏官制度，后来废了谏议大夫之职，这也是隋朝加速走向灭亡的主要原因之一。”[6]

史载隋炀帝不爱听不好的消息，常常对报忧的官员处以酷刑，最后，即便是谏官，也都不敢告以实情，更不用说指责和批评了。最后义军攻入其在江都的行宫，臣子还不敢禀报实情，一再骗他说平安无事，最后义军已到眼前，无路可走的隋炀帝被部将缢杀。

唐代设定谏官36人：左右散骑常侍共4人，掌规讽过失，侍从顾问；左右谏议大夫共8人，掌谏谕得失，侍从赞相；左右补缺12人，掌供奉讽谏，大事廷议，小事则上封事；左右拾遗12人，掌同补缺。[7]

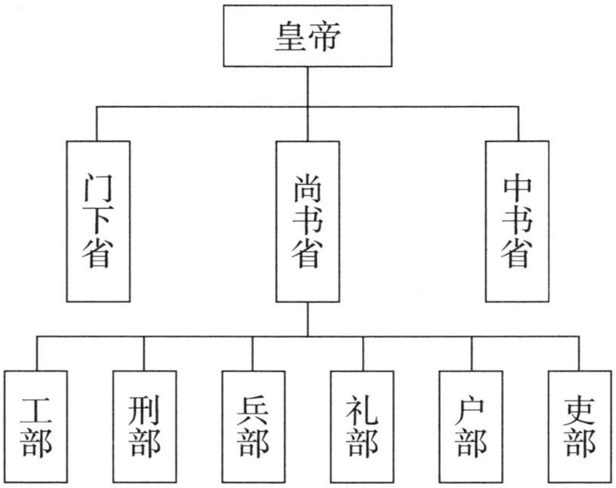


唐朝的三省六部制

龙朔二年（662年）唐改谏议大夫为正谏大夫，开元以后废正谏大夫。

显庆二年（657年）分置左右，中书、门下各二员；龙朔二年（662年）至咸亨元年（670年），曾改左右侍极；广德二年（764年）改为正三品。武则天时增署左、右拾遗与左右补缺。

起居郎为唐所创置的史官。起居郎和起居舍人虽然都属记注官，都为修撰国史收集实事，但所司之职侧重点不同，起居郎更具谏官色彩，而起居舍人则未列入谏官。

武则天时期还设立匦院制度，大致相当于传递民间声音到君主的通道。

宋改补缺为司谏，改拾遗为正言，并置谏院，以左右谏议大夫为长官，司谏、正言为其所属。

宋朝普遍设置偶见于五代的言事御史官职，担任此职者多为受命取代因失职而夺官的监察官员。宋朝诸帝采取这些措施，旨在加强各个机构之间的互相牵制。散骑常侍归属门下后省，门下后省主封驳，由六房组成，六房与门下省的六科相对应。

辽以后，谏官名存实亡，或名实俱亡。

在契丹人建立的辽代，女真人建立的金代以及蒙古人建立的元代，虽然在形式上保留了谏议制度，但实际上已完全废弃。这几个朝代都各有其以可汗为中心的贵族参政制度。汉人谏官的职责或仅限于典仪（辽代南面官系中的谏官仅对汉人官员进行监察），或名存实亡（元代废给事中，仅留御史管理宫中杂务）。不过，金代建立的地方监察机构在元朝得到了加强，但蒙古统治者不允许汉人担任监察官。

明太祖朱元璋于1368年灭元建明后，承袭元制，不但没有恢复被金代所废的门下省，而且废除中书省，将指示机构紧缩为内阁，君主直辖六部大臣，不设宰相。给事中被废，御史改隶六科，归属通政使司，负责处理往来于指示机构和执行机构之间的敕令和其他文书；六科与六部相对应。原本负责向君主进谏的谏官，此时的职责已变为对各级官员进行监察，与御史相似。

继明之后统治中国的清朝，进一步加强君主的自主决策，于1723年将六科并入都察院，负责监察各省的十五道科。[8]

## 三、中国古代各朝谏官的品阶和级别设定

中国古代谏官体制中，谏官的品阶到底有多高？

齐桓公所设“大谏”，属于相国下五个行政部门（即所谓“五官制度”）的五个职掌之一。按当代官阶序列来说，是正部长级。

秦朝和汉朝的谏大夫或谏议大夫，是中国古代历史上首次设置的专职谏官，从隋朝开始（也有人说从南朝开始）一直到明清，中国各朝代的中央政府（朝廷），大体实行三

省六部制的机构设置。三省六部制是中国古代封建社会最成熟的一套中央官制。三省指的是中书省、门下省、尚书省，六部指的是专司政令执行的尚书省下属的吏部、户部、礼部、兵部、刑部、工部。最初，六部叫“六曹”，即六个办事机构。六部的长官官职称为“尚书”。六部的设置成为后代封建国家中央政权机构的固定制度。六部的下面各辖四个司，朝廷一共有二十四司。

中书省，古代官署名。魏曹丕始设，掌管机要、发布政令的机构。沿至隋唐，遂成为全国政务中枢。隋初称为“内史省”，后改为“中书省”。

门下省在中国古代朝廷中原为君主的侍从机构，在南北朝时权力逐渐扩大，北朝曾经政出门下，成为中央政权机构的重心。隋唐时与中书省同掌机要，共议国政，并负责审查诏令，签署章奏，有封驳之权。其长官称侍中，或称纳言、左相、黄门监，皆因时而异。

隋设尚书、门下、内史、秘书、内侍五省，秘书省类似于后来的馆阁，内侍省则是一个专门的宦官机构，主持中央政权的就是尚书、门下、内史三省。三省互相牵制，共同向君主负责。其中，决策者为内史省，长官称内史令；审议者是门下省，长官称纳言；处理日常政务的机构是尚书省，置尚书令、左右仆射各一人，下设吏、礼、兵、度支（后改称民部）、都官（后改称刑部）、工六部。隋朝，三省长官均为相职，同时，三公、三师也参与朝政，也是宰相。

隋朝谏官制度虽然有品有阶，但隋朝君主并不尊重和听从谏官的意见，后来竟随意废了谏议大夫之职。

唐朝的谏官人数配置最多，谏官的品阶也很高，唐广德二年（764年）改为正三品。

这时期的谏官地位最高，几可达到内阁副首相。这是中国古代历史上谏官品阶最高的时期，其下黄门侍郎、给事中、散骑常侍、谏议大夫、起居郎等官则相当于正部（或副部）级官员。

谏官大多归属于门下省，负责传达皇上旨意，沟通中书省、尚书省之间的机要信息。在谏院任主管的可挂靠正部级，其余各官职分别为正部级、副部级、正司、副司等级别。

宋朝对唐朝的中央机构作了改造，以中书省主民事，枢密院主军事，两者共为中央政府的主要机构，置于禁中；门下省则作为政府的办事机构置于宫外。门下省从此由指示机构变为执行机构。谏官集于新设的谏院，谏院下设鼓院，相当于信访局，负责管理承袭唐代传统的谏书匣。

宋代官制“有官、有职、有差遣。官以寓禄秩、叙位著，职以待文学之选，而别为差遣以治内外之事。其次又有阶、有勋、有爵。故仕人以登台阁、升禁从为显宦，而不以官之迟速为荣滞；以差遣要剧为贵途，而不以阶、勋、爵邑有无为轻重”[9]。

## 四、中国古代谏议专门机构

这是一个长期以来在学术界存在争议的话题：到底什么朝代开始，中国有了专司进言的官方组织机构。

一说，是从魏晋南北朝开始；

又一说，自隋代开始中国封建王朝开始设置专司纳言、采集民情和舆情的机构——门下省或谏院。

但更多的史料倾向于自宋代开始。

就谏官的组织机构而言，宋初沿袭唐代，隶属于中书、门下两省。宋仁宗时，谏官机构从两省中独立出来，设立“谏院”，长官为知谏院。元丰改制后，谏院废去，门下省与中书省各增设后省，为谏官组织。宋高宗时，又设立独立的谏院，直至南宋灭亡。[10]

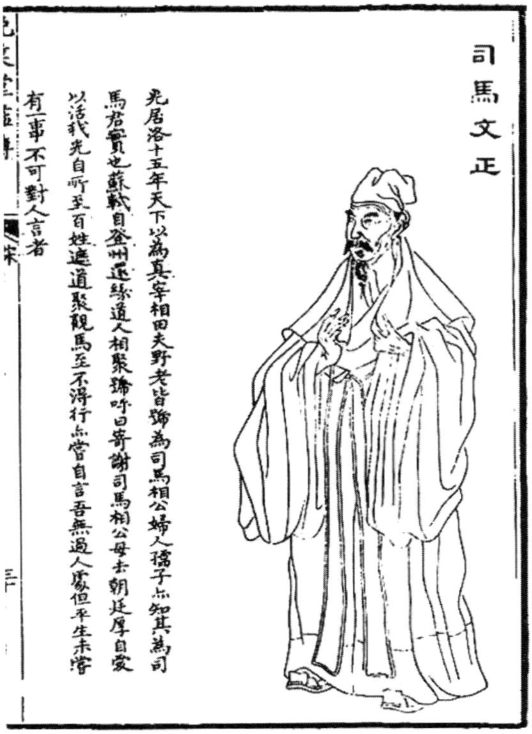


司马光题跋像。取自明代朱天然撰赞，弘治十一年重刻本《历代古人像赞》，现藏于台北故宫博物院。司马光曾作《谏院题名记》，是宋代正式设立的谏官机构——谏院的较详细记录。

隋唐时期，朝廷基本是按三省六部州郡县制设置官僚机构。主管行政执行的尚书省下设吏、户、礼、兵、刑、工六个部门。隋唐时期的门下省虽然包含了审议中书省草拟的政令、传递给中书省执行的功能，但处理言论管理的门下省的那些官职，却没有专门的谏议机构。直到宋朝把这个机构从门下省独立出来，才有了历史上第一个专门的谏官机构（或部门）：谏院。

史载，宋真宗（968年—1022年）下令修编的大型类书《册府元龟》收入了从上古到五代的379件著名的谏书。此外，尚有一个谏院，负责审阅谏书。谏院的职责不限于监督呈递给君主的文书，亦可对各级官员的文书进行监督，尤其可对宰相的政务活动进行监督，因为宰相是为君主出谋划策的人。这样一来，谏议与监督就不再分得那样清了。

## 五、中国古代朝廷对谏官职责与使命的规定

中国古代谏官制度，从一开始，对于谏官的职责与使命规定的都很明确：掌谏王恶，规劝君主的思想、言论、行为中的偏颇，不使君主的形象产生负面评价，同时尽量保障君主的决策不出现大的失误。

这种职责的规定，主要是因为中国古代的君主专制体制。这样的体制使得国家的外在形象过于集中于君主一人；国家大事的最终裁决权甚至是国家大政方针的决策权，过于集中于君主一人。

“这种专制政体的最显著特点是，将立法、司法和行政大权集于帝王一身。在这种体制之下，帝王不受法律的制衡，其‘一动之几’不仅可以给任何人以生杀予夺，而且会导致国家大政方针的倾斜。为了弥补这种由帝王独断可能造成的对王朝根本利益的损害，列朝都采取了一系列措施，

而谏官制度便是其中重要的一环。”（百度“谏官”词条）

而历代君主在个人性格、文化素养、知识和见识、人生阅历等方面千差万别，各有千秋，他们在思想、言论、行为上体现出不同的水平，这就大大增加了君主在臣民面前言行失当或在朝堂之上裁决或决策的失误可能性。

在这个意义上，中国古代谏官的职责与使命，归纳起来，就是采用职责规定的各种方式的进言行为，尽量减少君主在言行和决策上的种种失当与失误。

虽然自有文字记载的历史开始，中国古代朝廷上就有谏官的身影，但只有历史上第一个专职谏官的职务被封建王朝任命及延续之后，才可以谈及相关职责。有职才有责，没有专门职位，那些兼职的谏官，严格意义上说，是谈不上职责的。当时驱使他们进言的，不是职责，而是道义、理想和使命。学界相对接近的观点是，自春秋战国时代及秦汉起，中国的封建王朝或诸侯小国官僚体制中，首次出现了专职谏官的职务。而随着封建专制政体的不断完善与成熟，谏官作为朝廷重要命官之一，也逐渐被赋予了明确的职责。

而隋唐两宋的谏官制度最为成熟和完备，因而这一时期谏官的职责最为明确。

《贞观政要》这部文献记载了被史书大力推崇的圣贤朝政的贞观年间唐太宗与群臣之间关于谏官的设置、谏官的作用、谏官的职责的对话。

贞观元年，太宗谓侍臣曰："正主任邪臣，不能致理；正臣事邪主，亦不能致理。惟君臣相遇，有同鱼水，则海内可安。朕虽不明，幸诸公数相匡救，冀凭直言鲠议，致天下太平。"谏议大夫王珪对曰："臣闻，木从绳则正，后从谏则圣。是故古者圣主必有争臣七人，言而不用，则相继以死。陛下开圣虑，纳刍荛，愚臣处不讳之朝，实愿罄其狂瞽。"太宗称善，诏令"自是宰相入内平章国计，必使谏官随入，预闻政事。有所开说，必虚己纳之"[11]。

宋代谏官的职能主要是向君主进言、奏劾宰相及百官（前代所无）、参议朝政、参与荐举官员、受理臣民的上奏章疏、兼任修起居注与侍讲。[12]

司马光在《谏院题名记》中说，"夫以天下之政，四海之众，得失利病，萃于一官使言之，其为任亦重矣"也把谏官的职责说得很明白。

不仅如此，自唐代开始，对谏官的言论限制减少到历史上的最低程度。为了鼓励谏官敢于直言，唐代还在历史上首次明确区分直谏与讪谤，明确为敢于直言的谏官设立豁免特权，规定谏官不能治罪。

白居易在官至太子左赞善大夫时，即唐宪宗元和十年（815年）七月，宰相武元衡被盗杀。白居易“首上疏论其冤，急请捕贼，以雪国耻”。由于此时他已不再担任谏官职务，唐宪宗以“宫官非谏职，不当先谏官言事”，将其贬为江州司马。

这种特许的豁免权，又派生出另外一种制度：由上古时代人人有权议论朝政向上进言，到宋朝变成了专职谏官才能进言，如果不是谏官，就会获罪。

例如，宋朝著名文学大家范仲淹也曾遇到这种情况。

范仲淹卸任谏官而拜礼部员外郎以后，丞相吕夷简也曾威胁他说：“汝即非谏职，不得妄议军国大政。”但范仲淹无所畏惧，继续向仁宗皇帝谏诤，最后竟被仁宗皇帝以“越职言事”[13]罢知饶州。

由此可见，在封建制度较为完备的唐宋时期，朝廷不仅为谏官规定了详细的进言职责，也赋予了谏官直言的豁免权，同时规定这一权利不得滥用。

到了宋代，谏官的谏诤对象扩大至君主以外的宰相、文武百官等。[14]

宋真宗之后，中国古代封建王朝出现了专业的谏官机构，即隶属于门下省的谏院。自此，谏官职责也向外有所扩展，涉及谏官机构的职能与职责。

史料称，宋代谏院的职责，不限于监督君主的文书，亦可对各级官员的文书进行监督，尤其可对宰相的政务活动进行监督，因为宰相是为君主出谋划策的人。[15]

## 六、中国古代谏官的选拔任用制度

究竟什么样的人具备担任谏官的条件？

司马光在《谏院题名记》中认为："居是官者，常志其大，舍其细；先其急，后其缓；专利国家而不为身谋。"

唐代和宋代都任命了谏官。唐代谏官由宰相荐举，主要评议君主得失；宋代谏官由君主选拔，主要评议宰相是非。这说明宋代君主的权力在增强，也就是说，宋代君主专制的程度高于唐代。

据《贞观政要》记载，贞观六年，太宗谓魏徵曰："古人云，王者须为官择人，不可造次即用。朕今行一事，则为天下所观；出一言，则为天下所听。用得正人，为善者皆劝；误用恶人，不善者竞进。赏当其劳，无功者自退；罚当其罪，为恶者戒惧。故知赏罚不可轻行，用人弥须慎择。"

徵对曰："知人之事，自古为难，故考绩黜陟，察其善恶。今欲求人，必须审访其行。若知其善，然后用之，设令此人不能济事，只是才力不及，不为大害。误用恶人，假令强干，为害极多。但乱世惟求其才，不顾其行。太平之时，必须才行俱兼，始可任用。"

"国家思欲进忠良，退不肖，十有余载矣，徒闻其语，不见其人，何哉？盖言之是也，行之非也。言之是，则出乎公道，行之非，则涉乎邪径。是非相乱，好恶相攻。所爱虽有罪，不及于刑；所恶虽无辜，不免于罚。"[16]

在选用标准方面，宋代司马光对选择台谏官提出三条标准：第一不爱富贵，次则重惜名节，次则晓知治体。[17]

从两汉时候起，担"风宪"之职的监察官员的任命即受到特别的重视，监察官员足够的学识、才干，凛然的风骨、人格，丰富的从政经验、政绩等，都是获得这项任命的必需条件。一重气节、修养；二重学识；三重能力和经验；四重选任程序；五讲究任职回避制度。[18]

宋代谏官的选任方式与御史基本相同，即君主亲擢和臣僚荐举、君主从中选拔任命。北宋前期谏官的荐举者多以任职清要，并且与宰执无直接隶属关系的翰林学士、侍从、御史中丞、侍御史知杂事等充任。北宋后期，尤其是哲宗前期，保守派宰执吕公著、司马光等人开始亲自物色谏官人选。宋徽宗即位后，下诏允许“宰辰、执政、侍从官各举可任台谏者”，为宰执控制谏官的任用权打开了方便之门。北宋后期直至南宋一代，谏官由君主防范宰执的工具变成了权相排斥异己的鹰犬，这不能不说是一种悲哀。

宋代选任谏官也比较注意资格与资序，其文化修养和政治素质相对较高，而谏官的升迁去向也基本上是要职。[19]

古代谏官选拔任用制度主要包含三项具体制度内容：

（1）古代谏官选拔任用制度

纵观中国古代历史，自夏商周至元明清，选拔官员的制度主要有三种：一是世袭制，如先秦的世卿世禄制；二是推荐制，如汉朝的察举制，魏晋南北朝的九品中正制；三是考试制，如唐宋的科举制。另外，还有胥吏出职、进纳补官、军功补授等等。[20]

但以上几种方式均不适用于宋代的谏官选拔，宋代谏官的选拔完全走了一条不同的道路：特旨除授。宋承唐制，一些重要官员均由皇帝亲自任命，“悉禀圣旨，然后除授”，称为特旨除授，又称“旨授”。特旨除授的职位主要有宰执、台谏、侍从官，三司、三衙及开封府长官，在内诸司。[21]

（2）免责制度（前文已述。）

（3）回避制度

唐代“凡所取御史，必先质重勇退者”，并有“御史须曾任州县理人官者方得荐用”的规定；对谏官则规定“宰相之子不合为谏诤之官”。

宋朝以“清直可任风宪”者为御史，有“非曾经两任县令不得除监察御史”“辅臣所荐官毋以为谏官御史”“执政亲戚不除谏官”等规定。

明代，任御史者被要求有学识，通达治体，为进士、举人，又是任职有一定年限的知县，若知县不足，须从任职有一定年限的其他官员中选拔。

综上所述，中国古代谏官制度，是一套完备的封建言论制度。

**参考文献：**

[1] 赵建建：《先秦至唐代谏官制度的发展与变化》，《北京教育学院学报》第30卷第6期，2016年12月。

[2] 赵建建：《先秦至唐代谏官制度的发展与变化》，《北京教育学院学报》第30卷第6期，2016年12月。

[3] 松樵：《我国历代谏官制度及十大著名谏官》，豆丁

网，2015年8月31日。
[4]《辞源》，商务印书馆1983年版，“谏议大夫”条。
[5]（宋）司马光：《谏院题名记》，《古文观止译注》，上海古籍出版社2006年版，第481页。
[6]松樵：《我国历代谏官制度及十大著名谏官》，豆丁网，2015年8月31日。
[7]赵克尧、许道勋：《唐太宗传》，人民出版社1984年版。
[8]松樵：《我国历代谏官制度及十大著名谏官》，豆丁网，2015年8月31日。
[9]（元）脱脱等撰：《宋史》卷一六一《职官志一》，中华书局1985年版。
[10]贾玉英：《宋代监察制度》，河南大学出版社1996年版。
[11]（唐）吴兢编著：《贞观政要》卷二《求谏第四》，上海古籍出版社1978年版。
[12]贾玉英：《宋代监察制度》，河南大学出版社1996年版。
[13]赵映诚：《中国古代谏官制度研究》，《北京大学学报》（哲学社会科学版）2000年第3期。

［14］王洁：《宋代台谏制度及其借鉴意义》，《法制与社会》2015年第20期。
［15］刁忠民：《关于北宋前期谏官制度的几个问题》，《中国史研究》2000年第4期。
［16］吴兢编著：《贞观政要》卷三《择官第七》，上海古籍出版社1978年版。
［17］王洁：《宋代台谏制度及其借鉴意义》，《法制与社会》2015年第20期。
［18］孙季萍：《中国古代监察官的选拔与任用》，《人民法院报》2012年7月20日。
［19］贾玉英：《宋代监察制度》，河南大学出版社1996年版。
［20］（元）脱脱等撰：《宋史》卷一六一《职官志一》，中华书局1985年版。
［21］张希清等：《宋朝典制》，吉林文史出版社1997年版。

# 第六章

# 垂范后世的古代朝廷进言规范

## 内容提要

古代谏官在朝廷进言可以随意说话吗?

当然不！是有一整套严谨的规矩的。这个规矩就是进言规范。

臣子遵循一定的规范通过谏诤、奏对、上表、讽喻等方式，向帝王传导信息、意见和观点。这个规范包括对进言主体、对象、方式、尺度、频度、力度、技巧、效果方面的要求和规定，并明显体现了专制君主个人意志对进言内容、导向、取向的功利性选择和倾向性诱导。

概括起来，在朝廷向上进言，需要把握好以下几个分寸：

其一，掌握好古代朝廷进言的价值导向。朝廷进言的价值取向，是朝廷进言乃至整个言论制度建立的出发点和最终功利归宿，简言之，是进言者和纳谏者在整个进言行为中首先考虑到的事情。

其二，把握好进言的主客定位、内容范围禁忌。作为封建王朝的最高统治者，皇帝九五之尊不可冒犯，有些禁忌，不明于文，却明于口，不明于口，却又明于心。这些禁忌都是进言者需要烂熟于心的。而把握好进言主体、对象等细致定位与规范，则是一项通行准则。

其三，灵活运用多种进言方式。在中国古代谏官的进言实践中，古人总结出直谏、曲谏、诗谏、史谏、正谏、反谏等多种方式，可供灵活运用。

其四，把控好进言的尺度分寸。度的把握，是古代进言行为最大的风险点。自古以来不同的朝代具体的帝王与其谏官们的关系因人而异，所以度的把握非常难以清晰划线。

在中国古代两千年的君主专制政治制度实践中，古人逐渐摸索出了一套在朝廷政治氛围中的进言技巧和方法，本书统称为进言规范。

“谏”，或称为进谏，特指中国古代朝廷臣子向君主的进言行为。朝廷进言规范，一般是指进谏的具体讲究和规矩。这些规矩大多是由谏官在进谏中摸索出的一些经验和教训，它与特定时期的谏官制度相互配合，使中国古代言论制度具有了可操作性和适应制度条款的多方面需求。

在中国古代君主专制政治体系中，胸怀圣贤政治理想的古圣先贤们一直孜孜以求建立一套有序的、可控的朝廷进言规范，设置合法言论的有效管控措施，以消弭臣子和平民对于统治者不利的言论及负面评价，减少君主的统治和施政压力。

与特定时期的谏官制度相适应，中国古代君主专制政体中的朝廷进言规范，同样是中国古代言论制度实践的伟大成果之一。

本书所指的“朝廷进言”的概念，是在君主专制朝廷政治生活中，臣子通过谏诤、奏对、上表、讽喻等方式，向帝王传导信息、建议、意见和观点的行为统称。

“进言”这种获得朝廷认同的合法言论行为，自言论制度初步确立时起，就在中国古代君主专制王朝的朝政中得以合法存在，并进而成为合法言论渠道。

中国古代朝廷进言规范，是以一定时期的谏官制度作为保障的，这个规范包括对进言主体、对象、方式、尺度、频度、力度、技巧、效果方面的要求和规定，并体现了专制君主个人意志对进言内容、导向、取向的功利性选择和倾向性诱导。

有鉴于谏官制度的建立和有效实践，与谏官制度相配套的进言规范，同样获得了充分的实践机会，积累了大量的朝廷进言实务操作与正反两方面的经验。唐宋时期的朝廷进言实践和相关规范，成就了中国古代历史上言论制度实践的空前繁荣，取得了中国古代历史上言论制度实践的最丰富成果。

## 一、朝廷进言的价值取向

朝廷进言的价值取向，是朝廷进言乃至整个古代言论制度的出发点和功利的最终归宿。简言之，是进言者和纳谏者在整个进言行为中首先考虑到的要素。

受圣贤政治思想影响，从上古时代开始，中国古代形成了一套完备的“圣明君主”及“清明朝政”的标准，历朝君臣，都用这套标准衡量君主和朝臣的道德修为和施政行为是否符合这一标准。

中国古代朝廷进言行为有两个价值判断的预设前提：

其一，贤明君主都是追求完美的，不仅追求君子人格的完美，还追求施政行为符合古圣先贤的为政要求达到完美。

其二，任何君主都比不上古圣先贤，且都与完美的古圣先贤存在一定的差距，都会因个人的七情六欲影响到人格的完美和施政行为的完美，都会出现一些不完美，如缺点、偏差、误判、失误等。

由此前提，即可自然推导出谏官与进言规范存在的必要性。这样，朝廷进言就有了清晰的价值取向。

概括如下：

（1）进言要有利于君主修正自己的作为与言行，以使君主的形象完全符合古圣先贤的道德标准，而不是纵容君主的缺点和局限，以至于丧失德政形象，让君主失去民心。

（2）进言要有助于君主谨言慎行，兼听纳谏，做出治国安邦的正确决断，而不是为一己私利或小团体的局部利益错误影响君主，导致朝廷大政方向错误，祸国殃民。更不能纵容君主缺点，或挖坑设局，误导君主做出不符合国家和民生利益的决定。

（3）言论立足点必须符合圣贤价值标准，同时造福天下苍生才能够站得住脚。

从这种标准和尺度出发，在朝堂之上或通过建言，或通过奏折，发表意见与建议，古代的言论制度实践，具有一些共同的特性。

## 二、朝廷进言内容范围

能否把握好进言的内容范围，对作为臣子的谏官履职进言而言，攸关谏官自身的人身安全和进言效果。

被君主容许的古代谏官的进言内容大致如下：

（1）对特定政策、法律、规定的评价与兴废建议。《贞观政要》一书，多处记载了唐代贞观年间的谏臣反对某项律令或倡导推出某项政策。

（2）对关系到国家全局或根本问题的大事件的评价。诸如征兵役、发兵战事等关系到大局的事件，谋臣谏官往往不会放过进言的时机。贞观三年，封德彝等“并欲中男十八已上，简点入军，敕三四出”，魏徵执奏以为不可，遭非议，魏徵遂以“焚林而畋，非不获兽，明年无兽”为理，三番谏说乃止。[1]

（3）对帝王的为君之道及王族生活作风的劝诫。作为近似于谋臣的谏官，怀着对封建王朝强烈的责任感，对帝王及其家庭的许多细节十分关注，唯恐作为一国之主的帝王因小失大。魏徵就曾三番劝阻了唐太宗的封禅愿望。[2]

（4）参奏弹劾，这是谏诤占比较少的附加功能。

由此可见，中国古代朝廷的进言，广泛涉及朝廷政治生活的各方面，对中国封建社会的延续起了积极作用。

## 三、关于进言主体、对象的定位

中国古代朝廷进言规范中，对于进言主体和进言对象是有明确定位的。

关于进言主体，研究表明，远古时期（特别是原始社会）的进言主体，是族群中的全体成员。全体族员拥有均等的进谏权利，敢谏之鼓和诽谤之木，都是鼓励全体族员进谏的标志。全体族员，只要意识到君主有过失和错误，都可以击鼓进谏，或者提起谤木闯进朝堂，直言批评。

夏商周奴隶社会时期，阶级差别出现，政治权利成为部分阶层的特权。作为政治参与的一部分，进言就成为统治集团内部成员的权利和义务。这一时期，由于处于社会最底层的奴隶和平民并无进言资格和机会，在朝廷进言的仅有王公贵族和大臣。到了春秋战国时代，为了争霸，分封的诸侯也开始重视听取门客（谋士及幕僚）的意见与建议。

秦朝统一之后到宋朝灭亡，是中国封建君主制度从初建到全盛的时期。这一时期朝廷政治生活的突出特征，是封建统治制度的逐渐完善，不仅是官僚体制、监察体制走向完备，为了长治久安和政治生态平衡和谐，封建统治集团内部通过一系列制度，将前人摸索出来的管理经验和规定，加以制度化、固定化。

进言规范也达到历史上最完备的水平。

这一阶段，进言的主体进一步明确为谏官（专司其职的官员和幕僚），其他非专职谏官，不得擅自越权，同时谏官也不得尸位素餐、渎职不作为。主题明确之后，进言便从普遍权利到贵族特权过渡到专门官员的职责与义务。这和谏官体制的进化相辅相成。这一制度和机制的完备，标志着中国君主专制的封建社会政治制度走向成熟，朝廷政治生活也转为制度化、正常化。

从这个意义上看，中国古代朝廷进言规范的成型和成熟的基本标志，就是进言主体定型。

元明清时期，封建君主专制政治体制和政治生活中的突出特点是：全盛时期的封建制度遭到封建君主人格缺陷和封建社会各阶层崛起利益的冲击，在高压与反抗力量同时增强的状态下，社会稳定与和谐的粘合力不足而导致专制政体的肌体撕裂。

这一时期进言的主体，在规范中定得清清楚楚，谏官的职责也非常明晰。但是，最大的问题往往是无法得以实现，无法得到尊重和执行。

譬如元朝的体制，基本继承了宋朝的三省六部制，朝廷设有谏官，进言规定也很明确。但是，由于元朝的统治集团——蒙古王公贵族依然保留着草原游牧民族的奴隶社会甚至是原始社会的落后政治生活模式，所以根本无法驾驭由汉族封建统治阶级经过上千年摸索形成的政治机制，加之一味信奉武力征服与强权压制，最终导致这套谏官体制和进言规范形同废纸。

明清时期虽然与元朝有所不同，但因为文化自信严重不足，导致统治集团内部的皇族与朝臣的互相猜忌、互不信任和相互倾轧，政治上内耗严重，以致中古时期的完备规范无法很好体现，因为调和利益的需要，原则与规矩被轻易废黜。最后皇帝下令撤销谏官职位和谏官机构的存在，甚至使用了上古时期那样对待谏官的残忍手段，以及极端压制言论

现藏于台北故宫博物院。《出警入跸图》实际分别是两幅长卷，《出警图》绘皇帝骑马，由陆路出京，《入跸图》画皇帝坐船，走水路还宫。这幅画描绘出明朝皇帝出京谒陵的盛况，描绘的是皇帝在宫廷侍卫的护送下，骑马出京，声势浩大地来到京郊的十三陵拜先祖，然后坐船返回北京的情景。图中清楚描绘了明朝的锦衣卫角色和衣着。自洪武十五年，朱元璋将仪鸾司废除，锦衣卫作为皇帝侍从的军事机构，后成为皇帝监视和抓获异见分子的特务工具。

的反人类做法。

古代朝廷进言的对象，数千年来，变化不大。宋代以前，谏官的进言对象，基本集中于君主。宋代以后，扩展至针对朝廷中起到决断作用的宰相、内阁总理大臣等。这可以理解为皇权与朝臣之间的政治平衡的需要，也可以理解为中国古代政治制度的进一步完备。两种理解，都有其道理。

## 四、进言的多种方式

在中国古代朝廷进言中，进言方式很多，可以从各种不同角度来分类：

（1）按载体不同可划分为以口语为表达形式和以文字为表达形式。

以口语为表达形式的进言主要是廷诤、奏对。

较早时期（远古淳朴发展阶段），还有与口头形式的谏诤稍不同的“博士诵诗，瞽箴师诵，庶人传语”[3]等类似形式，其最突出的共同点，就是面对君主，直接运用口语发表规劝的意见。这种形式是中国古代言论制度实践史上最常见和最基础的形式，它的存在一方面以中国口语传播水平为基础，另一方面也具有自身的优势——效果非常直观。

以文字为表达形式的进言具体形式就更多了：奏章、陈表、上疏、诗文、史传等。

（2）按进言的表达方式的不同可分为直谏和曲谏两个类别。

直谏是指不考虑谏官个人的性命安危和君主的容忍限度，采用直截了当的正面语言向君主进言。君主是否开明，往往是左右直谏能够起到作用的决定因素。《韩非子·难言》就历数了先秦许多直谏之臣的悲惨下场。历史上，成功的直谏之臣往往具备以下几个条件：

其一，谏臣是资深老臣；

其二，谏臣虽非老臣但深得君主宠幸或尊敬；

其三，谏臣恰逢开明君主。

曲谏则是谏官在进言时用间接的、委婉的、侧面的、象征性的语言或文字将意见及劝诫表达出来，使君主既不至于失去颜面和威严，又能悟出道理并接受意见。

吴予敏在《无形的网络——从传播学的角度看中国的传统文化》一书中说：“曲谏就是正话反说，反话正说，直话绕着圈子说，实事当作故事说，真的说得像做梦，严肃的说得像笑话，讽刺的说得像唱赞歌，质朴的说得天花乱坠，明白的说得玄乎玄，简捷的加上一大篇废话，意在说人的先要拉扯上自己，意在批评的要说一通好话，道理通过形象来比喻，意义放到声气后边去暗示等等。”吴氏进而认为：“曲谏是一种从战战兢兢、窘窘迫迫的境地里开放出的智慧机巧之花，一种在个体生存欲望和社会责任之间走钢丝的文化。”[4]

总之，曲谏是相对委婉艺术地在君主面前表达观点的言论方式，在中国古代帝王的权力无以制约的政治威权环境中，往往因为形式上的巧妙，效果比直谏要好得多。

就连历史上著名的开明君主唐太宗的文德皇后（长孙氏），也能娴熟运用曲谏，达到进言（劝诫）的目的：

“太宗有一骏马，特爱之，恒于宫中养饲，无病而暴死。太宗怒养马宫人，将杀之。皇后谏曰：‘昔齐景公以马死杀人，晏子请数其罪云：“尔养马而死，尔罪一也。使公以马杀人，百姓闻之，必怨吾君，尔罪二也。诸侯闻之，必轻吾国，尔罪三也。”公乃释罪。陛下尝读书见此事，岂忘之邪？’太宗意乃解。又谓房玄龄曰，皇后庶事相启沃，极有利益尔。”[5]

另有一次，“太宗曾罢朝，怒曰‘会杀此田舍汉！’文

魏徵画像。魏徵（580年—643年）字玄成，馆陶人。曾参隋末农民起义，后入唐成为太子洗马，太宗继位后，擢升为谏议大夫，画像出自清殿藏本。

德皇后问：‘谁触忤陛下？’帝曰：‘岂过魏徵？每廷争辱我，使我常不自得。’后退而具朝服立于庭。帝惊曰：‘皇后何为若是？’对曰：‘妾闻主圣臣忠，今陛下圣明，故魏徵得直言，妾幸备数后宫，安敢不贺？’”[6]

中国古代朝堂之上的进言方式不断演进，体现出中国古代言论制度实践中进言规范的探索与实践的进步。由单一形式演进到多种形式，由直谏演进到曲谏等方式，体现古代言论制度实践的发展既有传统继承，又有内容创新。

周代的采诗说（诗谏）和春秋战国时的诸子列国游说，也是古代言论制度实践形式中的典型例子。

由于直谏等言论行为常常得不到制度的认同，进言者甚至不断遭到打击，进言者往往不得不变换方式表达自己的观点与主张，以求达到“曲线救国”的言论效果。诗谏和游说，相对于廷诤来说，应属曲谏的方式。

（3）其他方式。

孔子曾经列举出五种进言方式：

其一，“讽谏”。孔子认为，“谏有五，下从风”，《唐六典》卷八《门下省》对此解释为讽谏。

其二，“顺谏”。“谓其所不可，不敢逆而谏之，则顺其君之所欲，以微动之，若优施之比。”

其三，“规谏”。“谓陈其规而正其事。”

其四，“致谏”。“谓致物以明其意。”

其五，“直谏”。“谓直言君之过失，必不得已然后为之者。”

“五谏”说在《白虎通义》中的解释略有不同，但基本大同小异。具体采用哪种方式进谏，要视进谏时君主所持的态度和环境而定。总的来说，“五谏”中的讽谏、顺谏和直谏最为常见，也最能体现中国古代谏官进言的特点和传统。[7]

## 五、进言尺度的把控

中国古代朝廷进言中，朝廷对于进言的尺度把握明令条文不多。但经过数千年的实践和摸索，前人总结了丰富的经验。根据史料，这些经验有些成为行业规则，有些则成为谏官进言自我把握的原则。

谏官在朝堂之上对进言的频度、力度、技巧等方面的把握，属于经验中“术”的范畴，其总体原则是遵循君主的宽容度界限，以效果为导向，目的是达到更好的进言效果。

鉴于中国古代朝廷进言的对象比较集中，关于进言的技巧，最高原则就是在纳谏者的最高容忍度上限之内，最大限度地向纳谏者输出建言和观点，以达成进谏的目的。

不过，关于进言尺度的把握，事实上是因人而异，因时而异，千差万别的。也就是说，没有严格的统一标准。

因为进言属于对朝政行使监督和规劝的职责，从属于政事，秉承政事提议在先、监督和商议在后的原则，所以视环境和语境而起兴，进言不是严格按照时间和日程确定进程的。

相对于“忠言逆耳”的伦理悖论，儒家提出了一种完全不同的伦理规范，即“忠”和“贤”的辩证关系。臣子不仅必须忠诚于君主，还应该采用忠的恰当方式体现。两者相辅相成，互为表里，不能决然割裂、对立起来。

臣子必须以皇帝的利益为最高原则，对皇帝的决定绝对无条件服从，而且肯为皇帝的利益牺牲自己的利益。同时体现在必须顺从，如果一味坚持原则，不惜逆鳞，就是忠而不贤。通俗地说，“贤”，就是宁可委屈自己，也要让君主心情愉快。

这样，对于进谏方式的精心选择，对于进言的频度和力度恰到好处的把握，才能既表现出为上尽忠，照顾到君主的“圣明”，也能体现臣子的“贤明”。

中国古代相关的正反两方面的例子很多。例如，商朝纣王无道，臣子比干采用激烈的方式和力度进谏，结果导致被纣王挖心。这个悲剧性事件，被后人从多方面解读。其中一种观点是，这件事情的核心在于纣王无道，听不进任何进言，敌视所有的忠言。另外一种观点认为，这件事情的悲剧起因在于臣子尽忠的方式不够贤明和完美。如果比干不采用那种激烈的，触怒纣王尊严的进言方式，结果会不会不同？史学家和文学家在对整部神话小说《封神榜》进行研究的时候，发现了大量的论据，证明这部神奇的神话中，充斥着对纣王大量的先入为主的伦理逻辑颠倒的道德评判：因为纣王无道，所以女娲才降灾祸于他，搅乱他的江山，促进改朝换代。同时是因为他无道，所以臣子都可以不听他的，不尊重他的尊严，不顾及他的颜面。

然而从儒家的政治伦理观点看，臣子服从君主，儿子服从老子，下级服从上级，这是一个社会通用准则。这种观念，在言论制度中，也应当得到恰当体现。一个失去伦理统一标准和自律准则支撑的威权体制，是无法维系长久存在和稳定的。

当然，度的把握，还仰赖于君主的圣明程度。因为，冒死进谏是臣子尽忠到极致了，有些臣子甘于舍弃生命，舍弃关于自身“贤明”的道德标签，这样作出的决断，已经是对于君主忠诚的最大极限，其余的一切，取决于君主是否更加宽容与圣明（开明）。

最能说明这一点的例证，是唐朝贞观年间君臣共论纳谏、求谏之道和共评直谏之人。唐太宗与魏徵、王珪等人在朝中讨论“隋炀帝不听直言终至覆辙”，讨论为君之道，“兼听则明，偏信则暗”等问题的详细情况，都大量地记载于《贞观政要》《唐会要》《隋唐嘉话》《资治通鉴》等典籍中。

**参考文献：**

[1]（唐）吴兢编著：《贞观政要》卷二《纳谏第五》，上海古籍出版社1978年版。

[2]（宋）王溥：《唐会要》，中华书局1995年版，“直谏”条。

[3]顾迁译注：《淮南子·主术训》，中华书局2009年版。

[4] 吴予敏：《无形的网络——从传播学的角度看中国的传统文化》，国际文化出版公司1988年版。
[5]（唐）吴兢编著：《贞观政要》卷二《纳谏第五》，上海古籍出版社1978年版。
[6]（唐）刘餗撰，程毅中点校：《隋唐嘉话》，中华书局1979年版。
[7] 赵建建：《先秦至唐代谏官制度的发展与变化》，《北京教育学院学报》第30卷第6期，2016年12月。

# 第七章

# 中国古代言论制度的理想模型

**内容提要**

古人在建设一种制度之前，头脑中究竟有没有一个标准模型？

研究表明，的确有。这个模型，就是千百年来成为古人训导储君，谏议君主，教导群臣，规范子民的通用理想制度模型。

古代言论制度的实践者有着非常接近的共识：以远古圣贤明君为开明、兼听、纳谏、求贤、闻过则改的贤明标杆，以此为标准，构建古代朝廷政治活动中言论制度的理想模型。

这种模型是那么惊人的相似，如同一幅动人的和谐社会图景。正是因为这幅美丽的理想图景，千百年来君子仁人在朝廷奏对、上书陈情、著书立说以及科举作文中，屡屡被重复描述。

## 一、远古治世：中国古代圣贤政治的理想模型

在中国古代制度实践者和制度思想家心目中，始终存在着对某种内心向往的政治形态的理想模型。

“耕者不侵畔，渔者不争岸，抵市不预价,市不闭鄙，商旅之人，相让于财，外户不闭，是谓大同。”[1]这就是《轩辕本纪》中描述的黄帝轩辕国的生活图景，就是传说中的天下大同的社会模型。

而在儒家经典《礼记·礼运》中，同样有一段关于大同世界的描绘：

“大道之行也，天下为公。选贤与能，讲信修睦，故人不独亲其亲，不独子其子，使老有所终，壮有所用，幼有所长，鳏寡孤独废疾者，皆有所养。男有分，女有归。货恶其弃于地也，不必藏于己；力恶其不出于身也，不必为己。是故谋闭而不兴，盗窃乱贼而不作，故外户而不闭，是谓大同。”

其中所言的“大道”，指的正是本文论及的古代政治上的最高理想境界。《礼运》是《礼记》中一篇的题目，相传为西汉戴圣通过对秦汉以前各种礼仪论著加以辑录、编纂

而成，共49篇。也有学者认为，《礼记》可能是战国末期或秦汉之际，儒家学者托名孔子答问的著作。

《轩辕本纪》和《礼记·礼运》中关于政治理想境界的两段描述，是那么惊人的相似，为后人留下了一幅动人的和谐社会图景。正是因为这幅美丽的理想图景，千百年来君子仁人在朝廷奏对、上书陈情、著书立说以及科举作文中，屡屡重复描述，并为之不懈奋斗。这个关于理想社会形态的模型，也成为古人训导储君，谏议君主，教导群臣，规范子民的通用模板。

在古人描绘的理想模型中，有的是关于社会生活的理想模型，有的是关于朝廷政治生活的理想模型，还有的，则是关于官员选拔、政令传达、涉外交往、进言进谏等一系列制度模型。

尽管经历了远古、上古、中古和近古等不同的时代区间，也跨越了原始社会、奴隶社会和封建社会等不同的社会形态，古人所向往和推崇的这种理想境界却惊人相似；不同朝代的人，在他们论及社会政治生态、君主的人格修养、朝廷的君臣关系、朝廷言论制度等多个方面时，都遵循了这一基本相同的标准。

古人把他们心目中向往的理想社会描述得非常动人，

可为何历经数千年，历代智者的描述也大致类似？这是否说明，远古治世的社会形态以及政治生活模式，已经凝结成中国历代政治家和政治思想家心中关于圣贤政治的理想模型？这种理想模型，是否具有超越时代的特征？

## 二、古代中国政治制度模型，是否具有当代价值

《文史哲》杂志在2018年第四期编辑出版了关于“贤能政治”的研讨专辑，通过各种角度，审视和批判由美国著名社会学家贝淡宁（Danile A. Bell）提出的贤能政治的学术观点。在专辑中，知名学者黄玉顺、刘京希、章永乐、曹峰、方朝晖等，分别撰文针对贝淡宁的贤能政治和政治人物选拔中的尚贤制观点进行了学术分析与辩驳。

此次辩论的价值，主要不在于中西方关于政治领袖的推选方式（票选制和推举制）之间谁优谁劣的问题，而在于这个命题和这场争论，首次正面提出中国古代的政治制度和政治模型是否具有当代价值的问题。

贝淡宁教授在《贤能政治：为什么尚贤制比选举民主制更适合中国》一书的序言中说，中国古代选贤任能的政治尚贤制有着深远的历史渊源，影响了过去几十年的社会

变革，也比较适合面临复杂政治、社会和经济问题的大国。民意调查也表明，政治尚贤制获得了充分的民众支持。因此，政治尚贤制在中国是选举民主制的一种替代选择。

贝淡宁教授的观点非常冷静地提炼出了一种价值定义：作为一种政治制度模型，中国古代贤能政治具有成为当代世界各国政治模型选项的当代价值。

当然，贝淡宁不是建议毫不变通地将中国古代的政治模型生硬地推行到当代政治生活中，他有一套详细建议，来修正和丰富这一套观点。贝淡宁认为，假使要用政治尚贤制的理想来比照中国当代现实，或者需要让当代中国施行道德上可取、政治上稳妥的尚贤制度，似乎还有很长的一段路要走。他建议采取务实的方式，取其精华，舍弃糟粕，真正做到“上层尚贤，中间实验和基层民主”的方式，中国特色的贤能政治模型，才能成为21世纪备受全球瞩目的政治发展模式。

同理，在政治制度实践中，应该选择怎样的制度模型建立言论制度？当代中国同样面临着多种眼花缭乱的选项。

中国古代言论制度模型，根植于深厚悠远的中华文脉，历经数千年反复实践与摸索，肯定具有一定的适应当代国情的价值，在当代中国政治制度的建设过程中，成为具有竞争力的理想模型选项。这种理想模型，相对于全盘西化的言论制度模型，有更为独特的优势。

## 三、圣贤政治理想中关于言论制度模型的共同标准

无论夏商周，还是元明清；无论在言论环境非常宽松的盛唐，还是言论环境极度恶劣的明清，古代言论制度的实践者与言论制度思想家们，都有着非常接近的理想：以远古圣贤明君为开明、兼听、纳谏、求贤、闻过则改的标杆，构建古代朝廷政治活动中言论制度的理想模型。

圣贤政治，是贯穿于中国古代君主政治各时期为君臣百姓所共同认可的理想模型。而开明的言论制度，则是圣贤政治的重要标志和关键特征。无论是比干以激烈言辞批评纣王无道，还是魏徵以委婉方式鼓励太宗兼听，无论是周公谏厉王弭谤，还是邹忌讽齐王纳谏，所举的例子，所树的标杆，无一例外都是远古时期尧舜等圣贤君主。

虽然从远古走来，人类社会进入上古、中古时期，一路风景已经不同，原始公有制已经土崩瓦解，代之以私有制的家天下，社会等级已然区分为森严的等级制度，人们已经有所顾忌，不再大大咧咧地走进皇宫击鼓申冤，拿起

谤木怒气冲冲地进朝堂抨击朝政，甚至到了宋朝，已开始有非言官不得擅议朝政的禁令，但那些长期受到儒家政治伦理观念熏陶的历代言论制度倡导者、实践者和思想家们，在内心，却始终怀着一脉相承的共同理想：建立天下大同、仁爱通达、开明有序的言论环境。这就是贯穿于中国古代政治理想和言论制度理想中的共同标准。

## 四、古代言论制度模型的基本构成

历代古人竭力推崇的言论制度理想模型，掩藏在浩如烟海的典籍中。其中，《淮南子·主术训》中曾有过比较明确的表述：

“古者天子听朝，公卿正谏，博士诵诗，瞽箴师诵，庶人传语，史书其过，宰彻其膳，犹以为未足也。故尧置敢谏之鼓，舜立诽谤之木，汤有司直之人，武王立戒慎之鞀，过若毫厘，而既已备之也。”[2]

这段话所描绘的古代言论制度的模型，具有起源时期言论制度的以下特征：

其一，规定了进言方（臣子）与受言方（皇帝或君主）这两个言论行为模式的授受关系基本构架模型。

其二，规定了进言场合的严肃性：必须在朝堂之上，面对君主，本着“正”的态度，遵循“正”的礼仪建言献策。

其三，规定了进言内容必须真实和听言者的态度端正且必须对历史负责。“史书其过”，说的就是让掌管历史记录的官员，一字一句地记录进言的内容与进言中涉及君主的过失，并且记录君主在听取进言时的态度。

其四，体现了中国古代言论制度倡导者和思想家们推崇的言论氛围：一种为配合公卿正言，必须营造出一种言者敢于进言、听者心悦诚服、从善如流的良好言论氛围。在古人看来，必须搭配与正言的公卿相对照的非“正”言的其他言论方式，以冲淡正言造成的严肃和辛辣，缓和因为正言造成的听言者的心理戒备与抵触，甚至是愤怒，防止进言达不到预设的效果或出现负面效果，乃至出现忤逆龙颜甚至招至祸患。

其五，预案与备份，这是在设计制度时需要提前考虑到的。古代言论制度模型中，这个理想之所以能够成为众人认同的理想模型，就是因为在设计中已事先考虑到机制出现缺陷的可能性，并且预先为其设计了一种弥补缺陷的补充预案。在充分设计朝堂之上的进谏规范之后，恐“犹以为未足也……”所以还要效仿尧舜，预设填补机制缺陷的随机进谏措施。这种随机性，既是对机制的弥补，也是客观上委婉指出远古时代圣贤在言论制度上客观存在的不足的实事求是的精神。

正因为在这个模型中考虑到机制上可能出现的不足，在常备的进谏规范之外，还特别准备了随机性的拾遗补阙机制，所以才会认识到在君主的言行或朝廷上进言“过若毫厘，而既已备之也”。

仔细揣摩古人设计的这款言论制度模型，不难发现，其设计的确精妙。在有身份、有职位，有职责的公卿“正谏”的时候，需要有人颂诗。

据笔者理解，有两种可能：其一，诗者，《诗经》也，侧重于“风”和“雅”两类题材，泛指优美的民间题材的文学形式，或指换一种方式委婉表达与公卿正言相类似的观点或意见；其二，颂诗，侧重于“颂”，大致是歌颂古代贤君大德如何君子之风，善于听取人民言论的故事，用来鼓励听言者礼貌对待进言者，宽容对待不同的声音。这可以理解为，对于地位高、又比较不乐意听到批评的君主，古人意识到，正面引导的功效应该好于一味苛责与批评。

还需要有人师通向神明汇报。

还需要有人将百姓议论传达上来。

还需要有人减少君主的膳食。

但这样如果还觉得不够，那还差哪些措施？还需要设立谏鼓与谤木。除了起到标榜敢于纳言的作用，还有一个随时响应、及时纳言的应急机制与相关规定。

这段文字，除了为我们描述了远古时期言论制度实践的情形之外，还特别呈现了制度的局限性以及为克服局限性而采取的弥补措施与应急机制。作为这一机制的补充规定和传导的双通道“谤木”“谏鼓”或“戒慎之鞀”，集中彰显了这一观念。

## 五、古代言论制度模型蕴含的政治理想和价值观

古代言论制度模型，渗透着古人憧憬远古时代天下大同、共有共治的政治理想和价值观。

古代言论制度模型，包含着古代言论制度倡导者和实践者对大同世界的各种标准和尺度。这些标准和尺度，因为儒家学说的兴起，得到了系统化归纳，成为儒家学说政治理想中有关仁政、善政等具体要求。

儒家先贤梳理了远古时代圣贤政治中关于君主道德修

养、容纳建言批评的政治胸怀和大公无私、以天下为己任的历史责任感等，经过后世不断归纳，逐渐凝聚为中国古代言论制度模型中的关键要素：仁政、爱民、克己、敦厚、兼听、中庸……而涉及圣贤政治的关键特征和核心标准，就是兼听、开明的言论制度。

在整个中国古代史上，一直贯穿着天下大同的政治理想。这个政治理想在不同时期演化出不同的表述，但核心都是远古时代原始公有制社会的那个政治模型。

**参考文献：**

[1]（宋）张君房编：《云笈七签》卷一〇〇《轩辕本纪》，中华书局2003年版。

[2]顾迁译注：《淮南子·主术训》，中华书局2009年版。

## 第八章

# 中国古代言论制度思想梳理

**内容提要**

古人在建立言论制度的实践中，迸发出许多智慧的火花，被有心人一一记录在历史典籍中。那是古圣先贤关于建立理想言论制度的思想和智慧闪光。

在言论制度实践早期，古人就已经开始系统探索臣子进言、君主纳言、君臣沟通、进言使朝廷政务信息畅通等问题的必要性和有效性。随着言论制度实践的深入，前人经验进一步积累，相关思想不断得到升华，形成了不同的观点流派。

归纳起来，有疏导论、纳言论、人鉴论、忠谏论、直谏论等。

代表观点的分流过程，则是言论制度思想的不断进步、言论制度实践与一定时代的社会政治生活环境不断相互作用、相互融合的进程。

在漫长的历史岁月中，古人通过言论制度实践，摸索出了关于言论制度的经验并提出了构建理想言论制度的主张。这些经验与主张，对形成中国古代完备的言论制度起到了关键作用，这些经验和主张又升华成古人言论制度思想。

言论制度实践与言论制度思想之间的关系，是典型的实践与认识的关系。换句话说，先有言论制度实践，后才有言论制度思想，反过来，这些思想又对新一阶段的制度实践起到指导作用。

在不同的历史时期，言论制度实践者总结出的言论制度观点各有不同。譬如，早在春秋战国时代，就出现了“疏导论”“纳言论”“补短论”；在唐宋时期涌现了“人鉴论”“忠谏论”“直谏论”；在言论制度实践和思想的演化过程中，还出现了“为道论”“为社稷论”。研究者发现，在言论制度实践中，一些实践者主张的“拒谏易位说”“尊师重教说”“扬和弃同论”，其实已经跨越了言论制度实践或思想主张本身的范畴。

在梳理中国古代言论制度思想脉络时，笔者发现，中国古人在言论制度实践的早期（如上古时代），就已经开始系统地探索臣子进言的必要性、君主纳言的必要性、君臣之间沟通渠道的建立，以及通过进言行为使得朝廷政务信息畅通的有效性探索与经验总结。随着言论制度实践的深入，前人经验的进一步积累，相关经验与思想也不断得到升华与提炼，最终形成了不同的观点和理论的流派。梳理这些经验和主张，我们就能清晰地了解古人如何建立言论制度模型并以此为蓝图建立古代言论制度。

这些观点和主张可分为几个不同的类别：

第一类，形成比较早，在漫长的演变中能保持原有思想基本格局，并不断地得到丰富和补充。譬如，“疏导论”和“纳言论”等。

“疏导论”

“疏导论”是当代人最熟悉的古代言论制度思想观点之一。它的基本论点是，“为川者决之使导，为民者宣之使言”，通过有计划的言论疏导沟通社会中的上与下、左与右的思想，消除朝廷信息壅塞与朝野意识对立。

“疏导论”最早见于周厉王时期的邵公的主张。

《国语·周语》载：“厉王虐，国人谤王。邵公告王曰：‘民不堪命矣！’王怒，得卫巫，使监谤者，以告，则杀之。国人莫敢言，道路以目。”

“王喜，告邵公曰：‘吾能弭谤矣，乃不敢言。’邵公曰：

‘是障之也。防民之口，甚于防川。川壅而溃，伤人必多，民亦如之。是故为川者决之使导，为民者宣之使言。故天子听政，使公卿至于列士献诗，瞽献曲，史献书，师箴，瞍赋，矇诵，百工谏，庶人传语，近臣尽规，亲戚补察，瞽、史教诲，耆、艾修之，而后王斟酌焉，是以事行而不悖。民之有口，犹土之有山川也，财用于是乎出；犹其有原隰衍沃也，衣食于是乎生。口之宣言也，善败于是乎兴，行善而备败，所以阜财用、衣食者也。夫民虑之于心而宣之于口，成而行之，胡可壅也？若壅其口，其与能几何？’王不听，于是国莫敢出言，三年，乃流王于彘。”[1]

主张疏导，而不赞成强制压服，邵公的这一番谏言，被后世学者归纳为“疏导论”。

与邵公的“疏导论”一脉相承的观点，在后世屡见不鲜，《左传》中也常有谈及。

《左传·襄公三十一年》郑子产在论“不毁乡校”的时候亦如是说：“岂不遽止？然犹防川：大决所犯，伤人必多，吾不克救也；不如小决使道，不如吾闻而药之也。”[2]《吕氏春秋》中，也有几篇论述，主张以谏诤或其他进言方式，构建有效的言论渠道，疏导民情，起到达郁、开塞和知实的作用。《达郁》篇提出了一个在人体本身和宇宙万物通行的公理："通则生，郁则败。"人病的根本原因是血脉不通，精气不行。同样，国家亦如此，如"主德不通，民欲不达""国郁处久，则百恶并起，而万灾丛至矣。上下之相忍也，由此出矣。故圣王之贵豪士与忠臣也，为其敢直言而决郁塞也。"[3]《壅塞》篇则说："亡国之主，不可以直言。不可以直言，则过无道闻，而善无自至矣。无自至则壅。"[4]

这种疏导论，从先秦时期一直到盛唐时期，都很流行。朝臣之中，不少人相信疏导机制比压制言论的苛政更有长远价值。

《贞观政要》记载唐太宗总结隋炀帝覆亡的原因是因为身边没人疏导上下之间的言论："臣下钳口，卒令不闻其过，遂至灭亡。"[5]这也是先秦疏导论在后世得到延续的另一种印证。

可以看出，历代言论制度思想家主张疏导论，直接用意在于希望君主听取臣下之言和人民之声，以了解社会真实情况，从而采取相应的措施以维护统治。显然，这一观点和流派在思想史上的意义已远远超出了它在当时作为建言的政治功利性，价值溢出，成为千百年来中国言论思想的精华，为古今舆论思想家所称道，深深根植于中国古代各个时期的言论政策及言论制度实践中。

“纳言论”

“纳言论”主张统治者正确对待各种意见，态度应甚为殷切。

封建统治者是否愿意纳言，这在言论制度思想家看来，是衡量君主昏庸还是开明、朝政兴旺还是衰亡、君臣关系紧密还是隔阂的重要标志。

“纳言论”在后世又被称为“纳谏论”，它是站在谏诤的受方来阐述言论制度思想的理论体系，经过历代言论制度思想家的补充和丰富，成为中国古代言论制度思想中的一种重要价值判断体系。在纳言论倡导者看来，仅仅有人进言，而没有人接受那些有益的建议或批评，是达不到言论制度闭环的一个失败的言论制度模型。只有进言被采纳和接受，才能发挥功效。

纳言论包含三个主要思想观念体系：其一，纳言的必要；其二，纳言的态度；其三，纳言的方法。关于纳言的必要，历代思想家是把它提到国家存亡、通塞去壅、调动臣民积极精神（忠）的高度认识的。因为与进言效果直接关联的纳言价值取向总是言论制度实践的矛盾对立面。这个矛盾双方的运动是否形成积极力量，在古代思想家看来，关键就在于纳言的价值取向。纳言必要性的认识，就是价值取向的重要尺度的作用。在中国古代典籍中，《吕氏春秋》《诸葛亮集》《贞观政要》等对此都有精彩论述。

在中国古代言论制度思想家心目中，纳言的态度是纳言价值取向的结果的显现。只要统治者认为没纳言的必要性，他就会表现出拒谏、压制言论；只有统治者认为有必要性，才会放宽限制，听从或采用谏言。

古人对“纳言”的方法有一定的主张：当纳言价值取向和纳言态度形成后，就有了对进言的各种不同表述形式、不同内容、不同言论力道的具体方式的选择。

关于纳言方法论，古代思想家主张，先察言（分清言之立场：忠、奸等；分清言之目的：善、恶、乱等；分清百官情态：直、阿、谄等）；再辩言，即让朝臣共同讨论，形成比较贴近施政的意见；最后才是从言，即认同和采用。这三步的尺度和分寸的把握，往往并无绝对硬性标准，主要由纳言者来决定。

古代言论制度思想家认为，每个臣子的意见被采纳，往往都是“极不易”的，是因为进言的价值取向判断权，全部归于接受进言的君主一方，进言者在毫无客观标准的纳言者价值取向判断中，随时有可能被认为言论行为大逆不道，被扣上不忠、不善、不直（或太“激工”而误为“诽谤”），不仅会遭到君主的压制，也会被持对立意见的朝臣反对。

史书记载，唐朝贞观十二年，魏徵见“德义潜通，民心悦服，比于贞观之初，相去又甚远”而向唐太宗提了一条意见。他认为，这是因为唐太宗早年尚能纳谏，而后来却慢慢不能听言的原因。“贞观之初，恐人不言，导之使谏。三年已后，见人谏，悦而从之。一二年来，不悦人谏，虽黾勉听受，而意终不平，谅有难色。”[6]唐太宗的纳谏态度由开始的“导谏”，到后来“能听”，一直到最后“勉”强能听，但意终不平的发展过程，说明即便是历史上善于纳谏的开明君主，纳言的观念，也是始终对批评意见有所抵触和不甘的，只不过被言官和言论制度思想家们不断倡导、鼓励着才会勉强接纳。

纳言论倡导的源头可追溯到战国时代。齐国臣子邹忌以“自知之明”的故事诱导齐威王，使之认识到由于自身地位特殊，难免“蔽之甚矣”。

而为了消除这种“蔽”，就必须乐于使百姓实行面刺、上书、谤议等形式的谏诤。善于纳谏的齐威王，最终称霸中原。[7]

《荀子·臣道》中把能听从谏诤的君主称赞为“圣君”。

“事圣君者，有听从无谏诤；事中君者，有谏诤无谄谀。”[8]

《吕氏春秋·至忠》中讲得更为详细：“至忠逆于耳、倒于心，非贤主其熟能听之？故贤主之所说，不肖主之所诛也。人主无不恶暴劫者，而日致之，恶之何益？今有树于此，而欲其美也，人时灌之，则恶之，而日伐其根，则必无树活矣。夫恶闻忠言，乃自伐之精也。”[9]对待反面意见或不合自己心愿的意见，能否一样纳而从之，更显出君主的明暗圣愚。

《淮南子·主术训》说：“夫人主听治也，清明而不暗，虚心而弱志，是故群臣辐凑并进，无愚智贤不肖莫不尽其能者，则君得所以制臣，臣得所以事君，治国之道明矣。”[10]冲着这个治国的大目标，《淮南子》说，古代圣王不仅“能听”，而且“善听”“好听”。[11]

《诸葛亮集》中有专章《纳言》，论及纳言对于政治何其重要。“纳言之政，谓为谏诤，所以采众下之谋也。故君有诤臣，父有诤子，当其不义则诤之，将顺其美，匡救其恶。恶不可顺，美不可逆；顺恶逆美，其国必危。夫人君拒谏，则忠臣不敢进其谋，而邪臣专其政，此为国之害也。故有道之国，危言危行；无道之国，危行言孙，上无所闻，下无所说。故孔子不耻下问，周公不耻下贱，故行成名著，后世以为圣。是以屋漏在下，止之在上，上漏不止，下不可居矣。”[12]

纳言或听言论在唐朝得到了极大的丰富。以自觉纳谏著称的唐太宗如何虚己纳谏的言行，在《贞观政要》一书中有着详细记载。这里只举两个小例子。谏议大夫王珪在贞观元年对答太宗时说：“臣闻木从绳则正，后从谏则圣。是故古者圣主必有争臣七人，言而不用，则相继以死。陛下开圣虑，纳刍荛，愚臣处不讳之朝，实愿罄其狂瞽。”[13]贞观六年，魏徵说：“陛下导臣使言，臣所以敢言。若陛下不受臣言，臣亦何敢犯龙鳞，触忌讳也。”[14]唐代的纳言论中把君主的纳言态度当作谏诤的决定性因素，自有其道理。中国的人治政治，一切因人而定，因而谏诤的关键还在于人的态度，亦即君主的态度。

纳言论在唐代得到的另一大丰富，是补充进有关纳谏方法的“兼听思想”。“兼”听就是全面听取，以便察言的准确性。魏徵说：“君之所以明者，兼听也；其所以暗者，偏信也……是故人君兼听纳下，则贵臣不得壅蔽，而下情必得上通也。”[15]纳言论进化和演变的结果，是中国古代言论制度思想中言论力量的加强，言论制度对政治生活的影响力加强，也正是得益于纳言论谏诤思想的倡导和推广。

第二类：在唐宋言论制度思想繁荣期诞生，虽源流不长，但能在当时的思想交流中融会贯通，得到同代思想家的丰富和补充，形成观点体系，并且能直接运用于当朝的言论政策及言论制度实践。这一类观点包括“人鉴论”“忠谏论”“直谏论”等。

“人鉴论”

“人鉴论”是唐代形成的一种极有代表性的言论制度思想体系。其典出唐太宗的一段话：“夫以铜为镜，可以正衣冠；以古为镜，可以知兴替；以人为镜，可以明得失。”[16]

为什么要以人为镜呢？贞观初，（太宗）尝谓公卿曰：“人欲自照，必须明镜；主欲知过，必借忠臣。主若自贤，臣不匡正，欲不危败，岂可得乎？”[17]明得失，知己过，需要一个忠直的臣子常常提醒。人视别人清，视己则不一定能清，因而，设立对立的参照体，是反身自省的好办法。这的确符合人类认识的普遍规律。

以人为鉴的言论制度思想，直接应用于中国封建君主专制政治生活中，包括选任贤明正直的人为“人镜”，赋予他广泛的知情权（让自己的一切言行都置于明镜之下）和发表意见的自由，容忍“人镜”提出的尖锐和激烈意见，认真采纳以及反身自省。这一系列思想在唐初形成，在历史上留下了许多嘉话。唐太宗选定忠心耿耿、性格刚直的魏徵作为“人镜”，是十分有远见的。

唐太宗像。取自明代朱天然撰赞，弘治十一年重刻本《历代古人像赞》，现藏于台北故宫博物院。唐太宗是中国古代因实行开明言论制度而备受史家称赞的封建君主，《贞观政要》记载的君臣对话中，有许多涉及追求开明、兼听的言论制度建议和思想，成为后世开明朝政的典范。

唐太宗在朝中处理大小政事都命魏徵参与旁听，自己的一言一行，大至封“可汗”小至“玩鹞于袖中”，都让魏徵知道，而且一开始就赋予魏徵发表不同意见，尤其是尖锐批评意见的权利，使得魏徵“每廷争辱我（指唐太宗），使我常不自得。”因而常萌发“会杀此田舍汉”的念头。贞观六年，因为内外清平，岳牧等数请太宗封禅秦山，魏徵极力反对。[18]

太宗气愤地问：“‘朕欲得卿直言之，勿有所隐。朕功不高耶？’曰：‘高矣。’……‘远夷未慕耶？’曰：‘慕矣。’‘符瑞未至耶？’曰：‘至矣。’‘年谷未登耶？’曰：‘登矣。’‘然则何为不可？”魏徵便从人民需要休养生息，君主要克己求俭以安天下，抵御“风雨之变，水旱之灾”出发，劝阻太宗，并告知太宗，“岂独臣之诚恳，亦有舆人之论”[19]。这说明人镜的意见是来自民情民意。听了魏徵的批评，唐太宗尚能容忍，其后认真思考，加以采纳。如此，谏阻封禅，先后三次，太宗终能以人镜为重，克己从谏。[20]这说明，人鉴论思想因与封建国家长远利益一致，最终会对明君形成一定的舆论影响力。

这一点，与战国时代齐国臣子邹忌启发齐威王纳谏听言的道理相通。正因为许多君主“自知之明”极为缺乏，而且开明君主也认识到“自知甚难”，所以不得不立人镜以观己过。贞观十六年，太宗谓房玄龄等曰：“自知者明，信为难矣。……由是言之，人君须得匡谏之臣，举其愆过。一日万机，一人听断，虽复忧劳，安能尽善？常念魏徵随事谏正，多中朕失，如明镜鉴形，美恶必见。”[21]

人鉴论思想，与其说是思想家的成果，不如说是纳谏者的亲身体会。因此，魏徵一逝，太宗恸哭曰：“遂亡一镜矣。”[22]其实，人鉴论也有较早的思想渊源。早在春秋时期，以直谏著名的里革匡正宣公之后，宣公说：“吾过而里革匡我，不亦善乎！是良罟也！为我得法，使有司藏之，使吾无忘谂。”师存侍，曰：“藏罟不如置里革于侧之不忘也。”[23]这里隐约显出“人鉴论”的雏形。

“人鉴论”无疑是中国古代“人治政治”的产物，固然无法摆脱其本质的局限，但一定程度上却从言论制度上补充了专制政体中监察与约束力量的不足。言论的力量，虽可经“人镜”媒介达上聪，但若“舆人之论”能不因有“人镜”亦可使制度畅通无阻，不亦更善？

“忠谏论”

“忠谏论”是唐代言论制度思想繁荣时期的又一重要思想成就。“忠谏论”是由“民意能载舟亦能覆舟”的客观规律总结、引申出来的言论制度思想体系，其核心观念是“尽忠匡救，以免覆舟”，匡救的办法首推谏诤。开明的专制君主往往倡导忠谏观念，往往从畏惧“覆舟”这一切身利害和历代臣子不尽忠谏诤终导致“覆舟”的历史教训中总结和提炼出来的，而后世的言官与谏臣（尤其是太子师们）也常用此观点教诲君主继承人。鼓励忠谏，采纳忠言，知错即改，用此观点训示为臣之人，“君臣同舟，舟覆同亡”。

《贞观政要》中君臣论“舟水”之喻总共四次。

第一次是贞观六年[24]，第二次是魏徵进言上《论时政疏》中，第三次是贞观十一年发生大雨之后[25]，第四次是贞观十八年，李治被立为皇太子后不久，外出与太宗同船，太宗的教诲[26]。四次舟水之喻中，第二次是魏徵在《论时政疏》中指出："怨不在大，可畏惟人。载舟覆舟，所宜深慎。"[27]这个观点最重要。它不同于另外三次的说法，而是明确指出，真正覆舟的力量来自"怨"这种消极的言论。因而"可畏"者潜在的危险来自"人言"和"人怨"的言论力量。

因而唐太宗呼吁："君臣之义，得不尽忠匡救乎？"[28]这个"义"字，不仅仅是君臣长期共同治国理政过程中建立起来的伦理习惯和私人情感，更是指君臣"同舟共济"的共同利害关系，"君失其国，臣亦不能独全其家"[29]和所谓"一朝君子一朝臣""树倒鸟散"正是同样道理。"义"在这里与启蒙时期的"共有共治传统"言论制度理想和责任感十分吻合。君主自觉地倡导"忠谏"，也正是"淳朴制度理想"在盛唐被封建君主认同，促使朝廷进言盛行的结果。

忠谏的例子很多。唐太宗曾念叨过夏桀时的关龙逢、商纣时的比干、汉武时的晁错[30]，以及被荀子称道过的"争臣""辅臣""拂臣"诸人[31]，他们共同的特点就是为了君主的江山稳固，不惜冒着杀头、免职、流放的危险，为君主传达民意民怨，修正君主的过失。

“忠谏论”是在封建伦理大前提下，“共有共治”理想与封建专制家天下现实的奇妙共存的结果。

“直谏论”

“直谏论”是另一种重要言论制度思想。这个观念体系的基本格局虽然在唐代形成，而其思想渊源却可推溯到先秦，而且这个观念体系后来一直发展、丰富，形成中国古代言论制度思想的一大传统。

“直谏论”倡导的是一种说直话的精神，以及胆量、赤诚和才能。这种言论表述方式隐含着谏诤效益论思想。唐太宗曾说：“以卑干尊，古来不易，非其忠直，安能如此？且众人之唯唯，不如一士之谔谔。”[32]“唯唯”与“谔谔”在进言语境中，分别是指同一进言内容的不同表述方式，“唯唯”是不谏或曲谏，“谔谔”则代表直谏。

唐太宗更倾向于，与其许多人用曲谏迁就君主的颜面，倒不如仅一个人不顾颜面，直截了当地告知实情，批评过失。这是一种站位更高的效益观。这种效益观体现在如何看待谏言与封建王朝的长远利益上。因为古来“人主之患，欲闻枉而恶直言”[33]，长此以往，必然导致阿谀之风和舆情壅塞。“不闻极言则奸人比周、百邪悉起，若此则无以存矣。”[34]出于这样的进言效益观，唐朝君主常在朝廷倡导直谏之风，奖励直谏之臣。

直谏作为一种进言方式，不顾颜面，激烈陈词，因而存在“激切”之论，很容易被君主视为讪谤。贞观八年，魏徵劝阻太宗治罪上书的中牟县丞皇甫德参，说：“自古上书，率多激切，若不激切，则不能动人主之心。”[35]

作为古代言论制度思想优良传统的直谏精神，是基于大公无私或天下为公的理想人格形成的一种敢于说直话，和正面批评的精神。追求这种理想人格，可以超越君主专制国家严酷的政治现实，达到儒家关于贤士自我修养的较高境界，即儒家关于君子德行（信、义），秉德直书和直言，大无畏慷慨陈词等历代言官所追求的完美形象和风度。

刘泽华在《中国传统政治思想反思》一书中，有专章论及先秦的几种典型谏议理论。其中列举了为道论，为社稷论，拒谏易位说，尊师重教说，扬和弃同论等多种观点和流派。

**参考文献：**

[1] 上海师范大学古籍整理组校点：《国语·周语上》，上海古籍出版社1978年版。

[2] 刘利、纪凌云译注：《左传·襄公三十一年》，中华书局2007年版，第242页。

[3] 陈奇猷：《吕氏春秋》，上海古籍出版社2002年版，第1382页。

[4] 陈奇猷：《吕氏春秋新校释》，上海古籍出版社2002年版，第1578页。

[5]（唐）吴兢编著：《贞观政要》卷二《求谏第四》，上海古籍出版社1978年版。

[6]（唐）吴兢编著：《贞观政要》卷二《纳谏第五》，上海古籍出版社1978年版。

[7]（西汉）刘向集录，宋韬译注：《战国策·齐策》，上海古籍出版社1998年版。

[8]（战国）荀卿著，方勇、李波译注：《荀子·臣道》，中华书局2011年版。

[9] 陈奇猷：《吕氏春秋新校释》，上海古籍出版社2002年版，第584页。

［10］顾迁译注：《淮南子·主术训》，中华书局2009年版。

［11］顾迁译注：《淮南子·主术训》，中华书局2009年版。

［12］（三国）诸葛亮著，段熙仲、闻旭初编校：《诸葛亮集》，中华书局2012年版。

［13］（唐）吴兢编著：《贞观政要》卷二《求谏第四》，上海古籍出版社1978年版。

［14］（唐）吴兢编著：《贞观政要》卷二《任贤第三》，上海古籍出版社1978年版。

［15］（唐）吴兢编著：《贞观政要》卷一《君道第一》，上海古籍出版社1978年版。

［16］（唐）吴兢编著：《贞观政要》卷一《君道第一》，上海古籍出版社1978年版。

［17］（唐）吴兢编著：《贞观政要》卷二《求谏第四》，上海古籍出版社1978年版。

［18］（唐）刘餗撰，程毅中点校：《隋唐嘉话》，中华书局1979年版。

［19］（唐）吴兢编著：《贞观政要》卷二《纳谏第五》，上海古籍出版社1978年版。

［20］赵克尧、许道勋：《唐太宗传》，人民出版社1984年版。
［21］（唐）吴兢编著：《贞观政要》卷二《求谏第四》，上海古籍出版社1978年版。
［22］（唐）吴兢编著：《贞观政要》卷二《求谏第四》，上海古籍出版社1978年版。
［23］上海师范大学古籍整理组校点：《国语·鲁语上》，上海古籍出版社1978年版。
［24］（唐）吴兢编著：《贞观政要》卷一《政体第二》，上海古籍出版社1978年版。
［25］（唐）吴兢编著：《贞观政要》卷一〇《灾祥第三十九》，上海古籍出版社1978年版。
［26］（宋）司马光：《资治通鉴》卷一九七，岳麓书社2009年版。
［27］（唐）魏徵：《谏太宗十思疏》，《古文观止注评》，凤凰出版社2015年版，第290页。
［28］（唐）吴兢编著：《贞观政要》卷一《政体第二》，上海古籍出版社1978年版。
［29］（唐）吴兢编著：《贞观政要》卷三《君臣鉴戒第六》，上海古籍出版社1978年版。

[30]（唐）吴兢编著：《贞观政要》卷一《政体第二》，上海古籍出版社1978年版。

[31]（战国）荀卿著，方勇、李波译注：《荀子·臣道》，中华书局2011年版。

[32]（唐）吴兢编著：《贞观政要》卷二《纳谏第五》，上海古籍出版社1978年版。

[33] 陈奇猷：《吕氏春秋新校释》，上海古籍出版社2002年版，第1541页。

[34] 陈奇猷：《吕氏春秋新校释》，上海古籍出版社2002年版，第1554页。

[35]（唐）吴兢编著：《贞观政要》卷二《纳谏第五》，上海古籍出版社1978年版。

# 第九章

# 中国古代言论制度的当代价值

**内容提要**

中国古代言论制度及其思想的当代价值，从宏观上看，主要体现在以下三个方面：

其一，古代言论制度实践者的核心价值理念，对构建当代中国特色社会主义核心价值观的借鉴价值；

其二，中国古代言论制度实践的经验教训，为当代建立社会主义法治框架下的有中国特色社会主义言论制度的借鉴价值；

其三，中国古代言论制度及思想，为当代研究政治制度和舆论学提供了学术研究价值。

## 一、古代言论制度是华夏文明遗产的重要组成部分

中国古代言论制度、言论制度实践和言论制度思想，是古代留给后世的宝贵文明遗产。

通过一定的科技探索、经济发展、政治实践以及文化艺术实践，人类社会在特定时期达到一定程度的总体繁荣，通常称为人类文明，譬如古希腊文明、古罗马文明、古巴比伦文明、古印度文明、古代华夏文明等。现有史料证实，在古代华夏文明中，科技领先于世界，经济总量（尤其是唐宋及明代）长期居世界首位，封建君主专制形态的政治文明达到空前繁荣，文学艺术成就举世瞩目，成为世界古代史上不可多得的文明繁荣案例。在华夏文明中，科技、经济、政治制度和文学艺术领域的成就，都给后世留下了丰富遗产。这些遗产，都是宝贵的人类文明遗产。

作为古代华夏文明遗产的重要组成部分，中国古代言论制度实践及其思想遗产，是古代政治家和思想家通过长期不懈努力，在君主专制体制下，通过对封建朝廷开明政治环境中言论制度的探索与实践留下的宝贵文明成果。这些成果，与中国古代在科学技术领域的探索成就、中国古

代在文学艺术领域实践与探索的成果交相辉映，共同造就了古代华夏文明的总体繁荣。

关于古代中国的科技探索、古代中国的经济建设以及古代中国的文学艺术等领域的繁荣，学界早已有了很多研究和成果。鉴于种种历史原因，当代学界从言论制度的角度对中国古代政治文明繁荣的研究远远不够，尤其是关于中国古代言论制度实践与成果对人类社会总体进步的价值认识严重不足。至少，从统计学角度看，当代学界对中国古代科技和中国古代文学艺术投入的人力、物力、财力要多得多，学术成果也更多。

当代学术界应该更加客观、理性的对待作为文明遗产的中国古代言论制度实践及思想成果，为这一领域的研究找到更加合适的切入角度。

遗憾的是，当代学术界没能充分地从中国古代言论制度实践及其思想遗产的本质属性研究这一课题。中国古代言论制度实践及思想成果的本质属性，应该定位于政治学中的言论制度发展史研究范畴，或定位于舆论学的舆论思想发展史研究范畴。否则，学界对古代华夏文明的这一伟大实践及其成就的认识，就被过多引导到非本质属性的研究。

有一种对中国古代文明遗产的偏见，也客观上影响了对中国古代言论制度的价值判断。这种偏见认为，相对于中国古代在哲学、伦理学和文学艺术等领域的思想文化遗产和文明成果，中国古人在制度实践和制度文明上的成就显得微不足道。

持这种观点的学者对中国古代制度文明成就采取了选择性忽略的态度，显然有违学术上的客观公平。这种学术上的选择性忽略，或多或少源自西方学界的欧洲中心主义价值取向。西方学界在过去的一百年中常常先入为主，将当代制度按照西方现有制度形态的基准来定义。在他们眼中，非西方的文明遗产，因为不符合当代西方制度和价值体系的基本特征，常常被认定为不具有当代价值（西方当代价值）。

研究表明，中国古代制度实践的文明成果同样非常灿烂，堪称达到当时世界最高层次的文明成就，与中国古代思想文化成果交相辉映，共同构成了中国古代文明繁荣。中国古代言论制度实践及其思想成果，也堪称当时全世界最辉煌的制度文明，其价值不容忽略。

## 二、在当代研究中国古代言论制度的意义

学者蔡丰明在其论文《中国非物质文化遗产的文化特

征及其当代价值》中认为，“非物质文化遗产保护对于当代社会的意义与价值绝不仅仅是在于‘认知’的方面，即让当代人较好地了解、熟悉传统文化；更重要的是在于非物质文化遗产本身具有许多当代社会有所缺失的文化特征与精神内涵，通过对于它们的保护，可以更好地促进当代人社会生活的和谐和价值观念的重构。因此，在当前的非物质文化遗产保护事业中，一个非常重要的方面，就是要深入探讨非物质文化遗产本身所存在的这些文化特征与精神内涵，并且充分发掘它们在对当代人情感表达、心灵诉求、价值取向等方面的积极作用，以使这一事业在更为深层的心理、价值层面上与现代社会的发展达成一致”[1]。

笔者赞同这一观点。

在当代研究中国古代言论制度及其思想成果，其意义在于：

其一，为当代精神寻找古代营养源头。我们研究古代文明成果和文化遗产的最重要的意义在于，为当代社会文化特征与精神内涵探寻古代源头。

其二，为当代实践提供古代经验教训的参考。在当代言论制度实践中，充分吸取古人正反两方面的经验教训，即充分借鉴古人实践经验，吸取古人在言论制度实践中失败的教训。

其三，对古代文明遗产进行当代解读。

## 三、具有当代价值的古代言论制度价值观

### （一）忠直

《说文解字》是这样解释“忠”的：“忠，敬也，尽心曰忠。”[2]

《忠经·天地神明章第一》[3]中说，“天下至德，莫大乎忠”“忠也者，一其心之谓也”。忠，是人对天地、真理、信仰、职守、国家及他人等都至公无私，始终如一，尽心竭力的负责完成分内义务的美德。

“忠”是儒家学说的重要内涵与范畴。孔子曾提出，君子行事，以忠信为主。曾子认为，孔子一以贯之的道是“忠恕”。朱熹也说，“尽己之谓忠，推己之谓恕”，意即尽自己的心是忠，用自己的心推及他人就是恕。忠恕是儒家处理人际关系的基本原则之一。

中国古代常常以忠为臣子的第一道德准则。“忠”有多重含义：

忠的第一层含义，也是最基本的含义，是“忠”的狭义

是要求臣子对其顶头上司“君”的绝对忠诚。

这种忠诚，体现在朝廷的谏官身上，就是要求谏官对君主绝对忠诚，不仅言论进谏行为的出发点和目的要与皇帝的根本利益完全吻合，还要求其表达的态度与方式也适合人君接纳限度。

但古代政治生活中，往往无法做到两全。当两者出现冲突时，“忠君”的道德准则又要求臣子（尤其是言官）为了尽忠要做到犯颜直谏，舍生取义，将生死置之脑后。

在中国古代，现实生活中还会出现另外一种情况，即当忠孝不能两全的时候，要求人臣舍弃个人的孝道，而不能牺牲对君主的忠德。

忠的第二层含义，是要求对职务、职责，或是对直接上司的忠诚老实，尽职尽责，尽己心力以奉公、任事、对人。古有名言“既食君禄，当尽君事”，说的就是忠于职守的含义。为官为人，最忌讳阳奉阴违，耍小聪明，当面一种面孔，背后另一种面孔，成为政治上的“骑墙派”“两面人”。

忠的第三层含义，是忠于使命，忠于时代和人民。这是要求所有的官僚，都必须以天下为公，以苍生为念，舍弃小我，成就大义。这种忠，是广义的理想道德标准。

以上三层含义的“忠”，在中国古代政治生活环境中，往往无法同时兼善。广义的“忠”，常常因为君主的家天下的私有制意识和做法，无法实现。不仅无法做到广义上的“忠”，连“忠于职守”这样的职业道德操守也难以保全。这导致古代的臣子，在朝廷现实政治生活中最多只能践行狭义的忠，即对于皇帝的绝对忠诚和不冒犯。

尽管存在理想道德标杆与朝廷现实政治生活状况的不吻合，但“忠”长期被倡导为中国古代政治生活中核心价值第一的道德标准，在当代依然具有可借鉴的部分。正是“忠”的第二层和第三层相对广义的含义，蕴含着在当代依然闪光的价值理念。

具体说来，中国古代言论制度实践者倡导的进谏官员必须对上忠诚、诚实，对职业和行业准则有所敬畏与坚守，对下体恤、担当的道德要求，在当代依然具有生命力。在当代政治生活中，无论人民公仆，还是承担下情上达、为人民大众传递心声的民意代表和舆论喉舌，都需要继承这种“忠”的精华部分：忠于人民忠于党。这是当代公仆和言论制度实践者都应该首先具备的核心价值理念。

只有建立在忠诚的基础上，才会有“盛世危言”的忧患意识，才能防微杜渐，正视社会积弊，为社会和谐、健康、平稳发展提供制度保障。

（二）兼听

“兼”的字面意义是加倍或同时具有。例如“鱼与熊掌不可兼得”“达则兼善天下”“左右兼顾”“软硬兼施”等。

同时，“兼”也有主次之分的含义。譬如“书记兼厂长”“国务委员兼外交部部长”等，体现为前者主要后者稍次要。

在字面上，“兼”还有“兼顾”“附带”的意思，表示同时涉及、处理或具有几方面的情况的意思。例如：兼职、兼管、兼任、德才兼备、兼而有之等，是指除了主要特指的那一部分之外，还有另外一面，尽管不是主要的，但也不能忽略的内容。

兼听，则是同时听取多方面意见的意思，尤其是需要有意识的听取观点、视角、结论不一样的言论，不能仅仅听信一面之词。

兼听是一种理想的信息传播模型。在中国古代信息技术条件下，一个当政者最基本的要求是要听取更多人的信息和意见，以免信息壅塞，被先入为主的意见误导。兼听的更高境界，是中国古代言论制度实践者向古代专制君主建言的那样：为政者应具有宽容、开明的胸怀，能够容纳不同意见。

兼听，作为中国古代政治生活中的一个通用准则，即使相对于当代政治生活，也仍然没有过时感。在当代政治生活中，我们不仅需要听到赞扬的声音，也需要听取批评的声音。尤其是在重大决策中，往往更需要听取批评的声音，需要听取不同意见，哪怕这些意见听上去是那么刺耳，甚至也明显不合情理。

但是，按照千百年来的历史经验，为政须守中道，应该尽量避免因为主观原因拒绝和忽略不同意见，古人用来保证兼听的措施，就是倡导建立一套可行的言论制度。

（三）民本

“民”在中国古代常常特指处于君主统治和“官员”管辖之下的普通百姓。

“本”有基础、基本、根源、本源的意思。

按照词典相关词条解释，“民本”，实际上特指“民本思想”，是相对于君本（国本）、官本而言的（其实两者是对立统一的），其原意是指中国古代的明君、贤臣为维护和巩固其统治而提出的一种统治观，其基本思想主要表现为重民、贵民、安民、恤民、爱民等。

统治者遵循民本思想的根本目的是欲通过整合“民意”，以维护、巩固和强化特定的统治秩序和社会秩序，进而谋求特定的阶级利益和实现特定的政治目标。

不能简单从字面上理解民与君、民与官之间的重量和重要性对比。不能狭义理解“民为贵，君为轻，社稷次之”这句话。这个充分体现中国古代的民本思想的著名论述，事实上并非倡导简单地在百姓和统治者之间称斤论两，单纯比重。

“民本”中的“本”字，应该是基础和基本，即国家应该以普通百姓为基本面，普通百姓是国家和朝廷等上层建筑的最底层的基础。换个说法，民众好比是土壤，离开这个土壤和基础，朝政、税收、文化、艺术等众多领域的繁荣可能是虚拟的，是不可能实现的。之所以区分重和轻，是因为基础面大，轻者在上，重的自然沉在轻的下面，所以才会有“民为贵，君为轻，社稷次之”的结论。以此为大前提归纳出来的民意观（中国古代言论制度发展的基本规律），就有后来智者概括为“民意可载舟，亦可覆舟”。

（四）秩序

“秩序”，是儒家为主的中国传统思想中关于社会治理的核心观念之一，深深影响着中国古代言论制度的思想和主张。

这种观念影响下的中国正统思想认为，有序是民心所向的正常状态，混乱是不正常的状态；分裂的春秋战国、魏晋南北朝、五代十国等时期尽管相对自由，也不乏文化成就，但终究是乱世，因为百姓在乱世中没有获得感，百姓成为乱世的最大受害者，所以在中国传统观念中不可取；而在大一统的集权时代，秦皇、汉武、唐宗、宋祖等时期，纵然有铁血高压，也有很多不合人伦的地方，但终究是符合传统秩序观的、较为理想的天下大治状态。这其中的主要原因，就在于中国传统文化观念中的秩序观念。

这种观念坚信，历史的规律（沧桑大道），应该是由“乱”到“治”。所谓“治”，就是井井有条。这个观念最终推导出中国千百年以来的“国家统一”“治世”“开明”的国家观念。

中国古代言论制度成果与思想成就的基本内核，正是构建一种符合伦理、秩序井然的开明的理想言论制度。

这正是千百年来在中国占据主导地位的政治伦理核心，能明显看出儒家思想给古代政治生活留下的深刻的文化烙印。儒家的政治理想是通过共同伦理带来天下大治，建立一种有伦理、有管控、有秩序的社会。孔子倡导的“君君、臣臣、父父、子子”，就是体现这种理想的社会伦理的秩序模型，而君圣臣忠、依规谏言、言论通达，则是中国古代言论制度实践者与倡导者为自己所推崇的那种理想治世所建立的制度保障。

可掌控、有秩序、开明兼听，是中国古代言论制度的核心价值取向。

（五）大同

“大同”的概念出自《礼记·礼运》大同章（通常被简称为“礼运大同篇”）。

大同是中国古代智者心中的最高社会理想，相当于人类最终可达到的理想世界。古圣先贤对未来理想社会模型的特征做了如下描绘：人人友爱互助，家家安居乐业，没有差异，没有战争。这种状态被称为“世界大同”，这种世界被称为“大同世界”。

“天下大同”“天下为公”常常被看成中国古代圣贤和有识之士的家国情怀。它是贯穿了中国五千年文明史的核心价值观，同时，作为中国古代言论制度的实践和言论制度思想主张的底色和基础，影响了中国言论制度实践者的世界观和言论行为方式数千年。

正因为古人心中的“天下大同”“天下为公”的情怀，才有“天下兴亡，匹夫有责”的担当。这种大同意识在中国古代的阶级社会、等级社会中尽管多少有些冲突，但作为一种社会公认的道德标准，却一直左右着言论制度实践者。

上述价值理念和理想追求，作为中国古代言论制度实践和思想理念的核心价值观念，驱动着古代言论制度实践者前仆后继地建言、谏诤、据理力争，在古代朝廷政治生活中谱写了一部波澜壮阔的言论制度实践史。虽然历史已经走到21世纪，但在当代人看来，社会治理这些古人推崇的价值理念，对传递社会正能量和进一步完善政治制度仍然具有宝贵的借鉴意义。

## 四、可供当代借鉴的古代言论制度建设经验

### （一）把批评当作政治制约力量的制度实践经验

儒家圣贤一直推崇中庸之道或做人处世的中道选项。

中庸或者中道，需要平衡。如果某一种特定力量过于强大，全局势必出现失衡。这在中国古代的朝廷政治生活中尤其常见。当出现这一种情况，统治者和学者都主张运用另外一种力量对此进行制衡。如果说，君主使用的制衡多数是权术的运用，那么古代制度实践者和思想家，则是建议从制度角度进行制衡。这些思想家的制衡初衷，主要是针对过于膨胀的皇权和为所欲为的君主。

制衡是制度的本质属性之一。制度制约了人的主观片面性，制约了人的随意性，让人在忘乎所以、自以为是的时候，照样可通过制度的调整作用，在对立面关照、条理性梳理，以及辩证关系的校正中，规避主观带来的风险，自觉遵守客观规律，正视现实社会的条件限制。

没有对立面是可怕的。辩证法告诉人们，任何事物都是对立统一的结果。任何事情，只有一面或只看到一面，只听到一面之词，都是可怕的。对立面的存在和作用意味着平衡，意味着制约。

很早以前中国古人在言论制度实践中，就已发现这一规律，进而倡导“人鉴论”，倡导通过给帝王设立一个常常唱反调的角色，来制衡和警醒常常因为皇权无限导致主观臆断的最高统治者。

在历代朝廷政治中，因为君主打压异见而让阿谀溜须、唯唯诺诺成为通病。如何通过一种机制，让君主迫于机制的严肃性，而不得不正视和接受不同意见或者批评的声音，就是中国古代言论制度实践的伟大成就。

中国古代的谏官体制和朝廷进言规范，很多时候并没有都像邹忌讽齐王纳谏或唐朝贞观君臣对话那么有效，相反在更多时候，却因皇帝的个人喜好和个性原因，变成了一种摆设。但是，即便堕落成一种摆设，人鉴论的提出，以及古代言论制度的建立，也是一种进步，或者说制度的一种胜利。

一种制度能够存在上千年，尽管这一制度的功过无法简单评说，但是对这一制度的设计者和建设者而言，却是成功的。中国古代言论制度就是这样的一例成功的制度。作为君主政治权利无限大的有限制约力量，中国古代言论制度对于运转数千年的中国古代阶级社会，毫无疑问起到了积极修正作用和对皇权的制衡作用以及对社会长期稳定（或封建王朝的长治久安）的保障作用。

中国古代言论制度实践经验中关于“人鉴论”及人鉴制度的设立，是具有当代价值的。在中国特色的社会主义政治制度建设中，也具有很明显的积极作用。不过，在当代，没有了皇权，人民当家作主。在古代曾经作为皇权镜子的人鉴的职能，早已由人大代表、监察干部、新闻工作者等担负起来。其中，人大代表的执法监督与质询，监察机关对渎职失职的追究，媒体对政策与官员的舆论监督和批评、反思等，都起到了以人为镜的作用。

这种由智者从中国古代言论制度实践总结出来的政治制衡与警示作用的思想，在现代国外名企业和国家政治生活中，也不乏类似例证。这说明中国古代言论制度实践的经验，也适用于世界上其他国家的制度实践。

被称为“管理之神”的松下电器创始人松下幸之助，是一位虚心接受批评意见的人。

创厂之初，松下先生去参观一家工厂，见到该厂有一名工人技术十分娴熟，就对这位工人印象很深刻。

后来松下先生再次见到该厂厂长，就顺口问起那个工人的情况。结果被告知，这名工人因“总提意见，而且埋怨厂长工作方法不好”，不久前已被厂长辞退。松下先生非常惋惜。

巧的是，这名工人自己投身到松下企业，松下先生并不因为他爱提意见而讨厌他，相反加以重用，最终为松下公司的成长立下汗马之劳。

同一个人在两个企业为何会有截然相反的结果？奥妙就在于松下虚心倾听他的意见，发现有道理就听从，以改正自己管理的不足。松下先生重用爱提意见的员工，无疑是“人镜”的例子。

中国华夏文明遗产中，有不少属于对待批评的态度，虽不是言论制度，但凝聚了中国古代思想家言论制度思想的精华，具有较强的当代实践意义，在许多成功的世界级企业成功案例中，都不难发现对中国古文化影响的因素。

从1981年起，在美国白宫北门和拉法耶特广场南侧之间的空地上，游客常常可以看到一位名叫辛迪的反战老太太，在白宫门前拉起横幅，一遍又一遍地对络绎不绝的游客和路人讲述在越南战场阵亡的儿子的故事，对美国现政府进行批评。这种情况一直持续到2016年老太太离世为止。

许多人不明白，在长达27年的时间里，为何白宫不动用公权予以逮捕或驱离？有人认为，这可能是白宫主人有意为之，在显示白宫主人尊重民意；也有人认为，这是美国领导人慑于舆论压力，向世人标榜对批评声音的宽容。

其实，这就是美国政治生活中的“人镜”。

### （二）关于言论管控与舆论引导的制度实践经验

言论自由和言论管控历来都是矛盾的。纵观中国历史，朝廷对言论的管控也不是一成不变，除在闪耀着文明光芒的少数“盛世”之外，更多时候是处于极端的情况：

其一，完全自由，总体失控。

以东周后期的春秋战国时代为例。这个时期群雄并起，诸侯各自为政，周天子威信不存，统一国家的各项制度处于瓦解的边缘，即孔子认为的“礼坏乐崩”。由于中央政府和分封的诸侯国之间的政治伦理瓦解，导致最高统治阶层对中下层社会人士的管制大大削弱，而为了夺取更大的利益，诸侯之间又互相征讨，为取胜不得不四处笼络人才，因而“士”的言论环境较前朝相对自由，出现了难得的思想和各派学说自由成长的现象，并形成了“百家争鸣”的局面。

当然，站在秩序和伦理的角度，制度荒废和言论管控失控，导致这一时期言论秩序混乱，以王权为中心的朝廷意志无法得到彰显，在崇尚“大一统”的秩序观念的儒家和法家思想家看来，这就是乱世，也是制度实践的败笔。

其二，完全严控，毫无自由。

这种情况在商纣王、周厉王、秦始皇时期和元代明代清代的朝廷政治生活中比较常见。比干被挖心、厉王弭谤、焚书坑儒、东厂严控、文字狱等，都是这种完全不考虑言论控制与言论自由的和谐辩证关系导致的问题。周厉王（们）在严厉打击言论自由之后，造成特定历史时期言论环境的极端恶化，酿成了“道路以目”的严酷社会现实。周厉王“们”也最终沦落到被人民抛弃的悲惨结局。

只有在诸如唐代某些开明君主的朝政中，进言者的责任、才华与冲动，才得以与有效的制度化管控相辅相成，最终形成唐宋封建政治制度的巅峰状态与古代社会发展的全盛时期。

### （三）关于谏官制度与进言规范实践经验

历史经验证明，言论制度的进步，并不主要体现在对言论禁止的有效性上，相反体现在恰到好处地处理了用制度保障合法言论的畅通与有效传递，与限制非法和无序的言论之间的微妙平衡。

学界有观点认为，中国古代在言论制度上的进步的最显著表现，体现在谏官（言官）体制与进言规范的日趋成熟，导致朝廷政治生活中出现的管与放之间的最佳平衡。唐朝朝廷的谏官制度与进言规范的实践，最能体现这一制度实践经验和实践成果。

相较于中国古代其他时期，唐宋时代的言论通道显得更加畅通，传输更具实际效果。这首先得益于唐宋时期的朝廷言论管理的制度化起到了关键作用。制度化是人类文明进步的关键标志之一。

在崇尚法家政治理论、以管控严格著称的秦朝之前，各朝代并没有设置专职言官，而秦朝建立了这一专职官僚体系。但没有史料证明秦朝在设立专职言官之后配套建立了相应的进言规范。没有进言的机制保障，朝廷的谏官，与上古时代夏商周没有专职谏官的朝廷官员行使谏言的危险性相差无几，皇帝随时可以将谏官以惑乱朝纲处以极刑。

唐代以后，解决了朝廷进言规范，为谏官设定了建言献策和批评讽谏的合理情节、合适方式与合法通道，才使得唐以前主要依靠情怀、品德和责任感的谏诤，成为一种职务行为，一种与其他三省六部官员上朝必需的汇报（奏本）、参状等并无二致的制度规定的行为。

上古时期主要仰赖道德力量的进言行为，至此成功切换到主要靠制度的保障力量的正常状态。

## 五、中国当代言论制度的历史传承

常常有人因为顾忌古代文化遗产的历史局限性，就人为地割裂当代社会文明与古代文明成果之间的传承关系，拒不承认当代文明的历史渊源。但是，当代社会制度与社会治理的实践，并不是一朝一夕的事情，需要根据当代的需要，积极借鉴古今中外一切有价值的文明成果。这是历史唯物主义态度在政治生活实践中的体现。

中国古代言论制度的思想成果，在当代具有的生命力可以从新中国人民政权建立后的很多细节上感受到。1954年，天安门广场扩建的时候，保留了天安门前后各一对雕刻精美的汉白玉华表。这两对华表始建于明朝永乐年间，已有500多年的历史。树立华表的用意，就与古代言论制度相关。

华表的主要造型，取材于远古时代的开明君主舜在朝堂之外设立的诽谤之木，意为鼓励人民对朝政进行批评、监督。

这一标识，公开彰显了人民政权接纳群众批评，传承古代圣贤尧舜立诽谤之木的优良传统，倾听人民的声音，尤其是那些批评的声音，甚至是尖锐的批评。这是当代中国自觉传承古代言论制度思想精华的生动例证。

北京天安门东西两侧的华表，最早立于明朝永乐年间，取材于远古时期圣贤政治生活中的谤木造型，立华表于宫门外，宣示接受批评和谏言，是中国古代开明政治下言论制度的文明标志。

中国古代言论制度实践关于“人鉴论”的经验，在中国特色的社会主义政治生活的建设中，具有明显的积极价值。不过，这种作为镜子的人鉴的职能，已经被人大代表、监察干部、新闻工作者担负起来。

言论制度的成熟，常常得益于言论制度实践者对言论行为的探索与言论思想主张的总结与归纳。出于理念的坚守和实践的创新，导致言论制度恰到好处地促进了一个时代政治文化的健康发展，进而促进了社会文明的整体繁荣。这种繁荣，在历史上往往又反过来缓和了言论控制与言论开放的矛盾。言论制度则是特定时代言论总体局势和文明整体繁荣的基本保障。

我国现行的行政体制中，有关言论制度的执政理念，与中国古代言论制度实践的经验与思想有着内在的传承关系。社会主义实践证明，古人的言论制度实践经验与思想主张，对提高当代政治决策的民主性与科学性大有裨益。

《中华人民共和国宪法》第四十一条规定："中华人民共和国公民对于任何国家机关和国家工作人员，有提出批评和建议的权利。"这一规定，实质是用制度保障全体公民能运用独立思考和负责的言论，影响人民政权的决策者和执行者，以匡正失误，保证政策和执政的平稳。

同时，中国古代言论制度实践的经验与思想中有关"忠直""兼听""大同"等核心价值观念，与中国当代社会主义核心价值观以及党在新时期对党员干部的若干政治要求十分吻合。当代政治生活中，尽管政治生活的运行机制和古代已经大有不同，但核心价值中，还是包含了中国古圣先贤坚持的大公无私的社会理想，充分体现了当代与古代的传统传承关系。

在当代国家治理中，党和国家领导人多次在重要场合论述新闻舆论工作的极端重要性。这不仅仅是出于党性原则规定和政治功利的要求，还体现了当代党和国家领导人对于中国传统文化的自觉传承。对中国古代历史的研究和感悟，让当代执政者深深体会到舆论工作对党的事业的重要性，“水能载舟，亦能覆舟”“兼听则明，偏信则暗”“天下兴亡，匹夫有责”等深入人心的言论制度思想和历史传统，已经有机地融合在当代执政理念之中。

**参考文献：**

[1] 蔡丰明：《中国非物质文化遗产的文化特征及其当代价值》，《上海交通大学学报》（哲学社会科学版）2006年第4期。

[2]（东汉）许慎：《说文解字》，中国书店出版社2015年版。

[3]（东汉）马融撰，（春秋）孔子著，卢付林注译：《忠经·孝经》，《中华国粹经典文库》，崇文书局2007年版。

附录

# 从舆论学角度看中国古代谏诤现象

邱江波（武汉大学）

谏诤是中国古代文官（秦以后设专职谏官）出于一定的集团政治利益向封建君主进言，以规谏过失的言论行为。谏与诤一般合用，分开则有意义上细微的差别。孟子说："君有过则谏。"汉刘向在《说苑·臣术》中讲："有能尽言于君，用则留之，不用则去之，谓之谏；用则生，不用则死，谓之诤。"后来，逐步形成了封建社会的谏议制度。

由于中国古代谏诤直接为政治目的服务，为统治阶级服务，即为统治阶级的代表人物——帝王服务，因而有关的论著把它当作政治现象或政治思想来研究。又由于谏诤是一种人际（君臣之间）思想言论的传播行为，因而也有的学者把它当作中国古代传播思想来研究。还有的学者从断

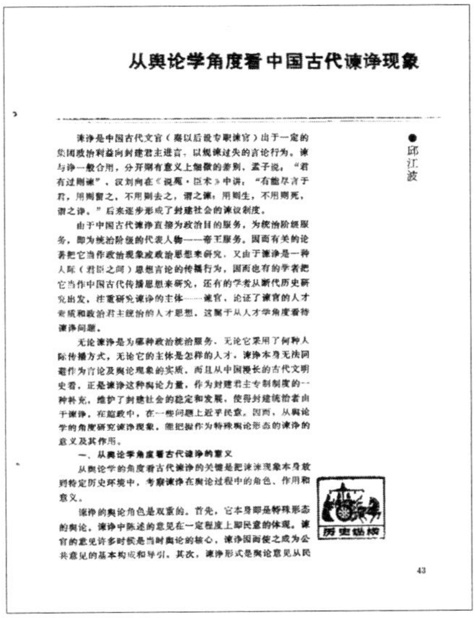

从舆论学角度看中国古代谏诤现象

邱江波

谏诤是中国古代文官（秦以后设专职谏官）出于一定的集团政治利益向封建君主进言，以规谏过失的言论行为。谏与诤一般合用，分开则有意义上细微的差别。孟子说，“君有过则谏”，汉刘向在《说苑·臣术》中讲，“有能尽言于君，用则留之，不用则去之，谓之谏；用则生，不用则死，谓之诤。”后来逐步形成了封建社会的谏议制度。

由于中国古代谏诤直接为政治目的服务，为统治阶级服务，即为统治阶级的代表人物——帝王服务，因而有关的论著把它当作政治现象或政治思想来研究。又由于谏诤是一种人际（君臣之间）思想言论的传播行为，因而也有的学者把它当作中国古代传播思想来研究，还有的学者从断代历史研究出发，注重研究谏诤的主体——谏官，论证了谏官的人才素质和政治君主统治的人才思想，这属于从人才学角度看待谏诤问题。

无论谏诤是为哪种政治统治服务，无论它采用了何种人际传播方式，无论它的主体是怎样的人才，谏诤本身无法回避作为言论及舆论现象的实质，而且从中国漫长的古代文明史看，正是谏诤这种舆论力量，作为封建君主专制制度的一种补充，维护了封建社会的稳定和发展，使得封建统治者由于谏诤，在施政中，在一些问题上近乎民意。因而，从舆论学的角度研究谏诤现象，能把握作为特殊舆论形态的谏诤的意义及其作用。

一、从舆论学角度看古代谏诤的意义

从舆论学的角度看古代谏诤的关键是把谏诤现象本身放到特定历史环境中，考察谏诤在舆论过程中的角色、作用和意义。

谏诤的舆论角色是双重的。首先，它本身即是特殊形态的舆论，谏诤中陈述的意见在一定程度上即民意的体现。谏官的意见许多时候是当时舆论的核心，谏诤因而使之成为公共意见的基本构成和导引。其次，谏诤形式是舆论意见从民

历史纵横

43

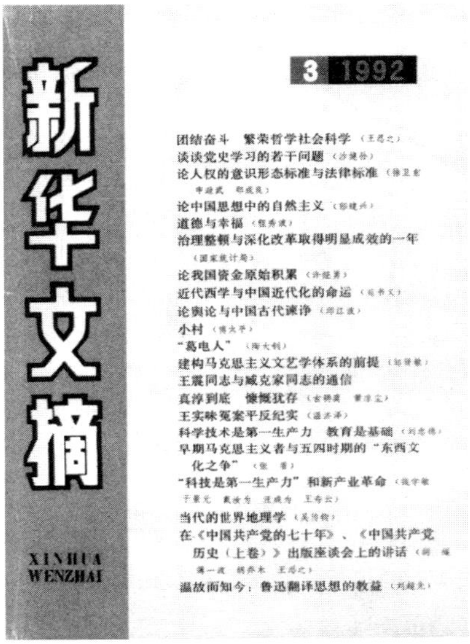

新华文摘

XINHUA WENZHAI

3 1992

团结奋斗　繁荣哲学社会科学

谈谈党史学习的若干问题

论人权的意识形态标准与法律标准

论中国思想中的自然主义

道德与幸福

治理整顿与深化改革取得明显成效的一年

论我国资金原始积累

近代西学与中国近代化的命运

论舆论与中国古代谏诤

小村

“蓄电人”

建构马克思主义文艺学体系的前提

王震同志与臧克家同志的通信

真淳到底　慷慨犹存

王实味冤案平反纪实

科学技术是第一生产力　教育是基础

早期马克思主义者与五四时期的“东西文化之争”

“科技是第一生产力”和新产业革命

当代的世界地理学

在《中国共产党的七十年》、《中国共产党历史（上卷）》出版座谈会上的讲话

温故而知今：鲁迅翻译思想的教益

左图为本书作者于1991年发表于《社会科学家》第4期的论文《从舆论学角度看中国古代谏诤现象》页面；右图为本书作者于1991年发表于《社会科学战线》第4期并被《新华文摘》（哲学社会科学版）转载并在封面推荐的论文《论舆论与中国古代谏诤》，图为该期杂志封面。

代历史研究出发，注重研究谏诤的主体——谏官，论证了谏官的人才素质和君主政治统治的人才思想，这属于从人才学角度看待谏诤问题。

无论谏诤是为哪种政治统治服务，无论它采用了何种人际传播方式，无论它的主体是怎样的人才，谏诤本身都无法回避作为言论及舆论现象的实质，而且从中国漫长的古代史看，正是谏诤这种舆论力量，作为君主专制制度的

一种补充，维护了封建社会的稳定和发展，使得封建统治者由于谏诤，在施政中，在一些问题上顺应民意。因而，从舆论学的角度研究谏诤现象，能把握作为特殊舆论形态的谏诤的意义及其作用。

## 一、从舆论学角度看古代谏诤的意义

从舆论学的角度看古代谏诤的关键，是把谏诤现象本身放到特定历史环境中，考察谏诤在舆论过程中的角色、作用和意义。

谏诤的舆论角色是双重的。首先，它本身即是特殊形态的舆论。谏诤中陈述的意见在一定程度上即民意的体现。谏官的意见许多时候是当时舆论的核心，谏诤因而使之成为公共意见的基本构成和导引。其次，谏诤形式是舆论意见从民间流向君主（统治者）的必经途径。一些谏官在谏诤时只作为民众意见的代言人，谏诤是一种传播。前者的例子很多，如《国语·邵公谏厉王弭谤》中邵公的意见，《里革断罟匡君》中里革的见解，实质上就是当时公共意见的概括。（以上两篇文章均见于《国语》）

谏诤的作用方式明显带有舆论特征。谏诤只以意见影响君主的决策，无任何政治制度的强制性，因而它本身不是政治形式。虽自秦代始设官，然而谏官对君王、宰执也只能存在“意见影响”力，这可从唐太宗对谏臣魏徵的意见态度从听从到听而不从，再到不听不从的过渡看出来其舆论作用方式。（见《唐太宗传》及《贞观政要》）

从舆论学的角度看，谏诤的意义是：

（1）科学性：不被谏诤的外在作用及功利遮住了研究谏诤本身的性质和思维。这有利于撇开特定时代谏诤的内容，探求谏诤本身的作用过程与规律。

（2）理顺了相关概念范畴的逻辑关系。舆论和谏诤的关系是内容与形式的关系，本质与现象的关系，主动与从动的关系。通过谏诤反映出来的舆论内容也可以通过上书、集议、封驳、转对等形式反映。（见朱传誉《先秦唐宋明清传播事业论集·宋代舆论研究》）舆论是内容，谏诤只不过是舆论的反映形式。从事物的内在联系看，决定谏诤的性质是否积极的不是谏诤过程及其行为本身，而是谏诤是否正确反映了一定历史条件下的民意舆论。再从传播过程看，是舆论驱使谏官进言，反之谏诤则是空洞的形式。

（3）符合历史唯物主义原理。对历史现象只能历史地研究，不顾历史环境研究就不符合历史规律。谏诤作为历史现象，有它产生、发展、衰亡的历史自然过程，这个过程显示，它本身是中国古代舆论发展的客观过程。

（4）对研究、摸索有中国特色的当代舆论形态具有指导和参考价值。

## 二、谏诤作为舆论现象的历史形态

作为舆论现象的谏诤在本身的发展过程中产生、发展、鼎盛和衰亡的不同进程以及谏诤在人类古代社会历史每一个阶段中的状况，就是谏诤的历史形态。

关于谏诤的起源，已无直接文史资料可以考据。但后人有许多关于谏的传说，大致可以推溯到尧舜禹时代，《管子·桓公问》曰："黄帝立明台之议者，上观于贤也。尧有衢室之问者，下听于人也。舜有告善之旌，而主不蔽也；禹立谏鼓于朝，而备讯矣。汤有总街之庭，以观人诽也；武王有灵台之复，而贤者进也。"《淮南子·主术训》曰："尧置敢谏之鼓，舜立诽谤之木。"《艺文类聚》卷一九晋孙楚《反金人铭》："尧悬谏鼓，舜立谤木。"

以上三说虽在具体细节上有差别，但我们仍可看出：

（1）谏的现象在原始社会末期军事民主制的尧舜时代已

经存在。

（2）谏现象当时是被杰出政治领袖用来建立开明的舆论制度和进言制度的，因而自其产生之日起，就已归属于舆论范围。

尧舜时代一直为历来君王推崇为清明的政治时代，显然与尧舜妥善地处理了通过进谏反映的民意（氏族内多数元老的意见）分不开。

谏在夏商周三代的发展是有文字材料可考的，这一点《尚书大传·虞夏传·择巡狩》谓："见诸侯，问百年，命大（太）师陈诗，以观民俗，命市纳贾，以观民好恶。"此即著名的"采诗之说"；关于商代记载亦有，暴虐之君商纣王的三贤臣箕子、微子和比干，都是以言获罪，而谏的态度不同，三个人的命运却有一定差别。关于西周，《周礼·地官·保氏》曰："保氏掌谏王恶。"《国语》中有"邵公谏厉王弭谤"。另外，《左氏春秋传》中记载了许多例子。而东周（春秋战国）时代关于谏的例子更多，而且诸子百家争鸣，说客纵横穿梭，形成了许多关于谏议的理论，《春秋》《左传》《国语》《战国策》等诸子丛书中关于谏的例子不下百条，最著名的有"里革断罟匡君""邹忌讽齐王纳谏""史鱼尸谏""董狐直笔""崔杼杀史"等。诸子关于谏有许多好的论点，如《论语》《孟子·万章》等。

夏商周是谏诤理论的形成阶段，这是以原始社会的瓦解、奴隶社会思想形成及封建制度的逐步确立为历史背景的。因而谏诤理论是作为一种新的所有制下，相对进步、宽松的舆论观点和舆论理想被提出、被重视、被接受的。这时代的谏议思想渐渐沾上阶级社会舆论思想的色彩。此时，谏诤是没有制度作为保障的。

从秦朝到唐朝，这是谏诤发展到鼎盛的时代。随着封建国家的统一和巩固，谏诤作为一种合法的舆论形式被封建统治者纳入统治轨道，成为专制时代不可多得的舆论力量，在一定理度上补充了专制政治，制衡了执政的权力。（此观点见自刘泽华《中国传统政治思想反思》）谏诤的合法形式是朝廷所设诸谏官若干名。这看起来是舆论的一大进步，实际上对舆论的控制更为严格罢了，谏官有原则有限制有分寸的进言合法化，而其他形式、场合的民众言论，尤其是下层劳动人民的言论则被视为非法，这给统治者名正言顺地焚书禁言制造了最好的法律依据（如秦始皇的焚书坑儒）。

然而以其他舆论形式的禁绝为代价而存在的谏诤，这种片面的畸形的舆论形态，却在自秦到唐之间获得了飞速发展。汉代谏的舆论思想依据倾向于儒家的仁政爱民思想，谏诤的形式在合法的范围内有了拓展，除诗谏与史谏的传统方式之外，谏官的廷诤、奏疏也相当发达。《汉书·王式传》：“臣以三百五篇谏，是以亡谏书。”这代表了汉代谏官在谏诤过程中普遍运用的内容和形式。唐代是谏诤的鼎盛时期，《贞观政要》中《求谏》与《纳谏》两章记载了“贞观之治”的一个重要特征：舆论渠道广阔和畅通。太宗与魏徵、王珪、刘洎、褚遂良等谏臣的谏答被后来传为佳话。

从宋代到清代，这是谏诤渐渐衰亡的阶段，也是谏诤作为封建社会合法舆论形态随着封建社会衰落而渐渐失去积极性的过程，作为舆论发展的规律，谏诤的形式受到了新兴舆论形态的舆论渠道的冲击，清代后基本被取代。宋朝的报纸事业萌芽与发展，虽屡遭禁绝，但仍顽强生存，舆论找到了更广泛、更迅速的表现方式。到清代，谏诤反映舆论的作用已经远远无法与报纸相比了，甚至在朝廷，报低也时常堂皇出现；相反，谏诤作为制度本身已出现了许多自身弱点，无法广泛地、及时地、准确地、大胆地反映真正的民情舆情。出于自身利益的顾虑，谏官少有直言谏上的，相反还陷入了政治纠纷。如欧阳修《与高司谏书》：“足下在其位而不言。”司马光《谏院题名记》说谏臣是些“汲汲于名利也”之徒。奸臣当权的朝廷此时也对谏诤和各种舆论形态进行压制。（见朱传誉《先秦唐宋明清传播事业论集·宋代舆论研究》）宋明清的舆论压制政策，首当其害的是谏诤。以上是谏作舆论一种形态的发展历史概况。

由谏诤的历史可见：谏诤的产生、发展、繁荣、消亡的过程由社会历史决定的客观历史过程。它基本上与封建社会形态的历史同步——它是中国封建社会特有的主要舆论形态。

## 三、谏诤反映舆论的作用方式

由于谏诤在封建社会的角色双重性，我们不得不分两步探索它反映舆论的作用方式。

一种角色是谏诤本身即是舆论的核心部分，另一种角色是作为民意舆论的渠道和代言人转达舆论的过程。第一种角色的谏官明显参与了舆论的形成，本身的观点即与舆论立场一致，另一种则不然。

第一步，探索参与型的谏官谏诤的舆论过程。很简单，公式是：舆论的形成←→舆论的表达（或称舆论的传播）←→舆论作用效果，这个公式是可逆的，反馈型的，可重复的。参与型的谏诤中，谏官往往有强烈的社会政治责任感，以天下为己任，把自己当作这一制度的受益者，整日为其统治的“危急存亡”而担忧，“先天下之忧而忧”的意识常常驱使他们敏感地观察社会及统治阶级的风吹草动，动辄给君主以言论的警告，这些舆论观点是根植于作为社会一员的谏官头脑中的。魏徵是唐代最杰出的谏官之一，亲自参与了唐朝的建立，他对唐太宗的绝大部分进谏的内容是从他亲身经历的唐政权的建立与稳固中总结出来的，成为当时舆论的正确反映。

第二步，探索非参与型角色的谏诤舆论形成过程。

与上一种角色谏诤模式稍有不同的是，第二种谏诤充当着民情舆论的传播渠道与代言人的形式。这一类谏官基于对民情民风、街谈巷议的洞察，用自己的思想将它概括出来，向君主进谏。模式与前一种几乎一样，只有形成方式的区别：舆论的形成（舆论的收集）←→舆论的思索（选择、提炼）←→舆论的表达（谏议）←→舆论作用的效果。此模式仍然是可以反馈的。

值得注意的是无论充当哪一种角色的谏诤，都不是那么纯而又纯，往往是相互渗透、交叉互动的。谏官往往既深入群众（有一定阶层限制）了解舆情，又将这些舆论揉进自己的思想观点，有时甚至借反映舆情之机表达自己的思想。这一点是不宜决然分开的。

谏官作为朝廷命官，了解民情舆论的途径是很多的：

（1）依靠自己的情报系统。《史记·魏公子列传》中无忌与魏王下棋时对魏王的谏议依据，是自己门客组成的探马不时来报。谏官有时还买通皇帝的近侍和重臣及其门客以获取信息。

（2）参与朝政与集议等。从唐朝武德年间起，谏官奉诏可随朝听政。（见《唐会要》卷五五《谏议大夫》）

（3）民间巡视。有时（尤其是宋代以后）谏官代行监察御使之职（宋代台谏制就是二者合一同属的）可以亲察民情。

（4）微服探访。

（5）兼掌编修，触及广泛的意识形态领域，有时还接触民间小报。如魏徵兼修《隋史》，广泛阅及典籍书报。

舆论的第二个环节，在谏诤过程中是舆论的表达和陈述，即通常所说的谏诤阶段。当今社会的舆论阶段的完成是以载有这一舆论的大众传播印刷物、电子媒介（尤其是新闻媒介）的刊发和发行。如今社会以舆论的公开化为舆论目标。然而在中国古代特殊的君主专制主义制度下，社会、国家的权力（决策、行政权力）不在人民大众手中，而集于作为国家象征的君主一人手中。因而在这样特殊的政治条件下，作为舆论形态的谏诤及其舆论作用目标就直接“上达”君主。这一环节是非常重要的。中国两千多年的封建社会历史相对加强了这一环节的方式和技术的发展、成熟。

关于谏诤的方式，除了历史上传统的诗谏、史谏之外，还发展了相对于直谏的“曲谏”，相对于正谏的“反谏”，相对于生谏的“死谏”，相对于文谏的“武谏”（即兵谏）。“曲谏”是用委婉的方法达到谏的目标，如唐太宗的文德皇后（长孙氏）穿朝服谢谏太宗欲杀“匹夫”魏徵之事（见《隋唐嘉话》上，唐朝刘餗著，亦见《唐语林》残本）。刘泽华《中国传统政治思想反思》一书把它称为“顺谏”。其特点是“在向君主进谏时，要善于寻找机会，察颜观色。忖度君主的心理，委婉地、曲折地把自己的意见表达出来。火候在既表达了意见，又不至于触犯龙颜”。

《吕氏春秋·顺说》也提倡顺谏：“善说者若巧士，因人之力以自为力，因其来而来，因其往而与往。不设形象，与生与长，而言之与响。与盛与衰，以之所归。”“反谏”，则是以反面例子设论而谏的方式。魏徵总以隋朝灭亡之例子谏唐太宗，达到宋朝吕祖谦在《东莱博议·臧僖伯谏观鱼》所说的“戒之以祸者，所以使人君之畏也”之效果。

（见《贞观政要》卷一《求谏第四》）。“死谏”，是谏臣以死谏君主，最有名的是“尸谏”，《礼记·大戴记·保傅》篇记载卫灵公之时，因史鱼患“伯玉贤而不用，迷子瑕不肖而任事”，数谏不听，因病且死，嘱停尸于北堂以正君，灵公终悟。“兵谏”是历代战将谏君的特殊武力要挟形式，著名的马嵬坡之变（《唐书》）。

《唐书·职官志》记载了当时的“五谏”：“一曰讽谏，二曰顺谏，三日规谏，四日致谏，五曰直谏。”与上述说法大同小异。在这个环节中，谏可能是反复的、多次的，这取决于谏官的态度与君主的开明度。《唐会要》中册记载封禅之事，自贞观五年至贞观二十一年，三起三落，以魏徵为首的谏官才终于打消了太宗的封禅心愿。是否需要反复进谏，这要看下一环节反馈的信息，即有没有达到舆论的效果，对决策、行政有没有影响。

谏的第三个舆论作用环节是达到舆论作用的效果，即君主的“纳谏而改之”。但这只是可然性联系而不具有必然联系。谏在君主面前是无强制力只有影响力的，是否达到效果完全看君主的纳谏态度。这种现象表明，中国古代的谏——特殊舆论形态，从性质上讲，还没成为一种社会的必然舆论力量。

## 四、谏诤作为舆论形态的历史局限

舆论是一种社会制约、平衡的力量，在近代、当代社会具有巨大的作用，它是人民大众脱离政府权利义务之外的另一权力依据和保障。

然而在中国古代，舆论起到的作用却是极其微小的。不用说像辛亥革命前夕、新中国成立前夕起到摧毁旧社会的作用，就连稍稍触及一下政权的外在（尚未涉及制度的合理性）形式就屡屡遭到灭顶之灾。起到的作用极其微小的原因，是在中国古代，唯一合法的舆论形态——谏诤背负了过重的历史枷锁，本身从形态上也有局限：

### （一）阶级局限

阶级局限是因谏诤作为统治阶级舆论手段时，为封建统治阶级整体利益和长远利益服务的功利性决定的。

谏诤的舆论内容总的原则，是不违背封建统治阶级的利益、不怀疑统治的合理性，邵公、里革，魏徵、刘洎等以犯颜直谏著名的人也从未越过这一界限。《贞观政要》中魏徵即使是批评朝政，也总在“天朝圣明、天子圣贤”的大前提下进行规谏。他即使“犯颜直谏”，也不愿破坏统治者的形象和尊严。

谏诤形式在中国古代合法存在下来，这本身也是充溢着阶级功利性的。首先，出于“疏导论”观点，统治者意识到：“为川者决之使导，为民者宣之使言。”“夫民虑之于心宣之于口，成而行之，胡可壅也？若壅其口，其与能几何？”（《国语·周语上》）疏导舆论即有限制的将进谏合法化，这种疏导从根本上就是阶级性的体现。其次，忠谏原则、进谏的分寸、忌讳反映出其阶级功利性的局限。最后，谏官本身也是统治阶级的一部分，其观点、立场都不可能违背自身阶级的利益。由于无法超越这么多沉重的阶级功利，因而其舆论只能是阶级舆论，甚至可以说只反映了统治阶级的舆论、士大夫的舆论。下层人民的意见主张则无以通过谏诤充分反映。

### （二）思想局限

谏诤在中国古代舆论史上是有其共同的思想依据的，那就是在中国两千多年的封建社会中占主导地位的儒家文化思想。从事谏诤的大多是知识分子阶层（或称“儒生”“文人”）。他们自觉接受了孔孟等儒家大师的政治思想，其中，追求“圣贤之治”的“仁政”“民本”思想占核心地位。它从统治学的角度，从君主的立场出发，以达到更和谐、完善的封建统治为目的。统治者民本思想的认识只停留在“水能载舟，亦能覆舟”的水平上。（《唐太宗传》）。“民本”绝非现代意义上的“民主”。

（三）表现方式的局限

谏诤之臣了解民情舆论的范围有限，因为其常常在朝廷之中，而不常深入民间。而且到了宋代之后，朝廷宰执等故意人为地设置许多障碍，有时甚至采取压制和打击。（参见朱传誉先生三篇论文《宋代舆论研究》《明代舆论研究・言论钳制》《清代压迫舆论研究》）

谏诤作为舆论形态在陈述和表达时享受不到舆论应该具备的公开性，因而形成不了公众威慑力。谏诤作为舆论，因而在形态上不完备，只停留于意见领袖的个体意见而无法组成社会共有的整体知觉和全社会舆论。

由于缺乏制度保障，谏诤往往达不到目的，君主可听可不听，有时还怒杀谏官。

因此，这种以口头人际传播为主的舆论形态在表达方式上有致命的弱点。这是历史条件造成的，而一旦新的舆论形态出现，它就马上相形见绌，并且渐渐被取代。

这种新的形态就是宋代出现的小报、报纸，在清代终于取代了谏诤。在辛亥革命领袖孙中山上书李鸿章“谏议富国强兵”遇到冷落后，这种谏诤的舆论形态便随着封建社会的瓦解而失势。

新的时代，新的历史主人公选择了新的舆论载体——报纸、杂志、书籍等。

## 结　语

谏诤，这种伴随着中国历史消长的特殊舆论形态，是中国古代舆论发展史一个不可忽略的必经形态。古人自觉地运用它，并探索出了一系列有关谏诤的理论，作为中国传统文化宝库中的一部分，我们不应忽略它，应给予全面、公正、历史的评价。

# 后　记

20年前的今天，笔者的导师、武汉大学新闻学教授何微先生怀着遗憾在西安溘然长逝。他的遗憾是，未能在有生之年将毕生研究的成果正式出版。

20世纪80年代，这位当代新闻学界巨擘从新闻战线离休之后，被特邀到武汉大学主导新闻学科的筹建与新闻学硕士点的建设。他在有生之年孜孜不倦地梳理着当代中国新闻学的传统文化脉络。

20年后的今天，山东人民出版社通知笔者，拙著《中国古代言论制度研究》的选题经审核获准通过。我想，这应该是冥冥之中对导师夙愿的一种补偿和纪念吧。

一本在本人的硕士学位论文基础上重新定题研究撰写的文章付梓，20多年的沉淀中，已不再仅仅是笔者努力了。20多年来，导师的教诲，学长的激励，出版社编辑和领导的指导，都是浇灌小著成型的恩泽。

需要特别感谢的是，笔者有幸结识了山东大学儒学高等研究院执行院长、中国著名历史学家王学典教授。在拙著撰写过程中，幸蒙学典先生悉心指点，又获亲笔题序，实乃笔者离开学术界投身喧闹的新闻一线20余年后，重新沉下心读书、思考和著述的澎湃动力。

千古兴亡事，掩卷赤子情。一部中国古代史，不同学科的学者能够从中领悟出不同的历史经验和智慧。通过学习，笔者对中国古代的言论制度先行者们，怀抱大同世界的崇高梦想，前仆后继，舍己直谏的事迹敬佩至极。他们争做为国为民的谔谔之士，是我中华文明的真正脊梁。

读史，乃觉天地厚；读史，方知岁月长。

**邱江波**

2019年7月6日于济南